Das Buch

»Bei Tagesende in einer unbekannten Stadt anzukommen, wenn in den Läden die Lichter angehen und das Dunkel die Türme der Kirchen verhüllt, das ist ein banales und doch mysteriöses Erlebnis, dessen ich wohl nie müde sein werde.« Julien Green ist zeit seines Lebens viel gereist; die gewonnenen Eindrücke hat er in seinen Tagebüchern festgehalten. Aber die Städte, die Green in einem Zeitraum von mehr als sechzig Jahren besucht hat, sind nicht nur reale Orte, wie sie für jeden von uns zugänglich sind. Greens Städte besitzen eine zusätzliche Dimension: Die Einbildungskraft eines Dichters sorgt für Entdeckungen, die kein Reiseführer anzubieten hat.

Der Autor

Julien Green, französischer Schriftsteller amerikanischer Herkunft, wurde am 6. September 1900 in Paris geboren, er wuchs zweisprachig auf und wurde protestantisch erzogen. 1916 konvertierte er zum Katholizismus. Mit siebzehn Dienst als Sanitäter an der Front. 1919–22 studierte er in Charlottesville/Virginia Philologie. Seit 1922 wieder in Paris. Bereits mit seinem dritten Roman, ›Leviathan‹ (1929), erlangte er Weltruhm. 1939 erneute Hinwendung zum Katholizismus, 1940–45 Emigrant in Amerika. 1971 Mitglied der Académie française.

Julien Green:
Meine Städte
Ein Reisetagebuch
1920–1984

Deutsch von Helmut Kossodo

Deutscher
Taschenbuch
Verlag

dtv

Von Julien Green
sind im Deutschen Taschenbuch Verlag erschienen:
Junge Jahre (10940)
Paris (10997)
Jugend (11068)
Leviathan (11131)
Von fernen Ländern (11198)

Im Text ungekürzte Ausgabe
Mai 1990
Deutscher Taschenbuch Verlag GmbH & Co. KG,
München

Titel der französischen Originalausgabe:
›Villes (Journal de voyage 1920–1984)‹,
Editions de la Différence/Birr 1985

Umschlaggestaltung: Celestino Piatti
Gesamtherstellung: C. H. Beck'sche Buchdruckerei,
Nördlingen
Printed in Germany · ISBN 3-423-11209-3
1 2 3 4 5 6 · 95 94 93 92 91 90

Inhalt

Vorbemerkung des Übersetzers

Die vom Autor nicht datierten Texte stammen, wie der Leser leicht feststellen wird, aus Zeitabschnitten, die sich über eine Periode von über einem halben Jahrhundert (1920–1984) erstrecken. Es sei dem Leser überlassen, sie zu situieren.

Vorwort

Diese Städteporträts habe ich meinen Reisetagebüchern entnommen. Paris und Berlin ließ ich aus, denn über die Stadt, in der ich geboren bin, habe ich in einem *Paris* viele, in allen Epochen meines Lebens geschriebene Seiten zusammengefaßt, und was Berlin betrifft, so wird ein anderes Buch daraus werden. Und dann mußte ich natürlich eine Auswahl treffen, und in jeder Auswahl spielt der Zufall mit. Ich konnte auch nicht ganz Italien hineinnehmen! Andere Städte sind verschwunden, denn als ich 1940 Europa verlassen und für fünf Jahre in das Land meiner Eltern zurückkehren sollte, verbrannte ich eins meiner Reisetagebücher. Man hatte mir diesen schlechten Rat gegeben. Diese Seiten enthielten insbesondere meine Reisen nach Böhmen, Ungarn und Sachsen ...

Ich beabsichtigte nicht, im einzelnen alles zu beschreiben, was ich gesehen habe, es sind vor allem Eindrücke oder Gefühle eines Tages. Man wird es mir zugute halten, so wie man es innerlich einem Redner dankt, wenn er keine langen Worte macht.

Alle Städte, die man hier findet, sind also »meine« Städte, das heißt, sie sind so, wie ich sie entdeckt habe und wie sie für mich geblieben sind. Andere werden sie gemäß ihrer Laune sehen, denn es ist einer der Reize unserer Erde, daß sie jedem von uns das bietet, was das Herz insgeheim sucht.

Die Geographie des Traumes

Wenn ich lange in Betrachtung gewisser Landschaften verweile, kann ich aus irgendeinem Winkel meines Gedächtnisses Erinnerungen hervorzaubern, die von ich weiß nicht woher kommen. Diese Gabe habe ich immer besessen, und sie war eine der Freuden meiner Kindheit. Etwas davon, aber sehr wenig, ist in meinen Büchern zu finden. Es sind Erinnerungen jenseits der wahren Erinnerung, der situierbaren, der datierbaren, aber wie ist es möglich, etwas so Geheimnisvolles auszudrücken? Je mehr man davon spricht, desto unerklärlicher wird es . . . Dieser Tage habe ich im Geiste eine Liste all der Orte aufgestellt, die ich kannte, und die Erinnerungen in mir erwecken. Da ist zum Beispiel der zauberhafte brachliegende Garten hinter Saint-Julien-le-Pauvre, oder der Saal im Brüsseler Museum mit dem Blick auf die grauen und schwarzen Dächer. Ich habe nie mit jemandem darüber gesprochen. Als ich ein Kind war, hörte ich meiner Schwester zu, wenn sie mir Stücke von Schumann auf dem Klavier vorspielte, und besonders eins, dessen Titel mir fast ebenso gut gefiel wie die Musik: *Von Fernen Ländern* . . . Später erfand ich eine Art von Geographie der fernen Länder. Der Orient gehörte nicht dazu, aber Edinburgh, Antwerpen und Friesland genossen hohes Ansehen. Als ich mir vor kurzem eine französische Karte der Vereinigten Staaten anschaute, verweilte mein Blick auf den *Monts des Cascades*, dem Kaskadengebirge, und während einiger Sekunden empfand ich die Erregung von früher, die absurde und köstliche Sehnsucht nach den fernen Ländern. Wie entscheidend diese kindliche Idee auf einen ganzen Teil meiner Jugend einwirkte, mag heute fast unglaublich erscheinen. Doch eins ist gewiß: Die Gewohnheit, das Glück in den fernen Ländern zu wähnen, leitete mich bis fast zu meinem sechzehnten Lebensjahr. Ich wollte mich nicht von meiner Kindheit trennen; das wirkliche Leben flößte mir tiefes Mißtrauen ein, und ich liebte die Welt nur dort, wo sie mit meinen extravaganten Vorstellungen übereinstimmte. Und hinter all den Gedanken, die ich mir über den Tod gemacht habe, steht der – und er mag ein letzter Rest kindlichen Empfindens sein –, daß der Tod letztendlich das allerschönste aller fernen Länder ist.

Hier wurde Katharina von Aragon geboren, die einzige legitime Frau jenes Ritter Blaubarts, den man als Heinrich VIII. kennt. Sie war die Mutter Mary Tudors, und diese Abstammung erklärt die abgöttische Liebe der letzteren für ihren spanischen Gemahl, den zukünftigen Philipp II. Als sie sich beim Tode Karls V. trennen mußten, war die Königin untröstlich, aber da wußte sie noch nicht, daß Philipp, der nach ihrem Tode seinen Anspruch auf den Thron von England behaupten wollte, ernsthaft erwog, ihre Schwägerin Elisabeth zu heiraten. Doch diese schlug das Angebot aus.

Cervantes hat die Geschichte des *Gläsernen Lizentiaten*, mit dem ich mich im täglichen Leben verwandt fühle, in der Studentenherberge spielen lassen, und überall hier findet man ebenso schöne, jedoch freundlichere Bildungsstätten wie in Salamanca, mehr Lebensfreude und Jugend in den Patios, die wahre Gärten sind und nicht nur Grasflächen wie im Kloster der *Escuelas Menores* in Salamanca oder in Cambridge. Unbewußt wirkt die Schönheit der Umgebung auf den Geist des Studenten ein und fördert neben dem Wissensdrang auch das Aufblühen des inneren Wesens. Was er um sich herum sieht, findet er auf andere Weise in den Büchern wieder. So viele Ideen haben sich in diesen Mauern entfaltet, daß auch der Faulste schließlich etwas davon in sich aufnimmt. In *Pablo de Segovia* hat sich Quevedo über die rohen Sitten und die Unwissenheit der Studenten von Alcalá lustig gemacht, was ihn jedoch weder hinderte, einer der glänzendsten

Jungakademiker Spaniens zu sein, noch in der Folge vier Jahre lang im Kerker einer Festung zu schmachten, von wo seine Klagerufe uns noch vernehmbar sind:

> Alles ist Kerker auf dieser Welt,
> Alles ist Kerker und Pein.
> Im Kerker schmachtet unser Geld,
> Denn der Beutel schließt es ein.
>
> Das Meer ist in die Ufer gezwängt,
> Und das Sternenzelt droben im All
> Ist für den Himmel, der über uns hängt,
> Ein Kerker aus hartem Kristall.

Am Tor der Universität macht man uns Schwierigkeiten und will uns nicht einlassen, aber ein zufällig anwesender Priester, der uns Französisch sprechen hört, bietet sich sofort an, uns alles, was wir zu sehen wünschen, zu zeigen. Alle Türen öffnen sich. Der Hof der Universität mit seinen drei Etagen wirkt sehr italienisch, und die kleinen Obelisken, die die oberste Galerie überragen, verleihen dem Dach eine toskanische Eleganz. Zwei Zypressen in einem der Höfe sehen bei hellem Sonnenlicht wie ein Stück eingefangener Nacht aus, und man könnte fast erwarten, eine Nachtigall singen zu hören, denn die Sonne ist so stark, daß die Schatten sich in ihrem Licht mit der gleichen Schärfe und jener geheimnisvollen Intensität abzeichnen, wie unter einem vollen Mond. Das Grabmal des Kardinals Jiménez in der Kirche ist eines Königs würdig. Während des Bürgerkriegs diente das Kirchenschiff als Lazarett, denn die »Roten« hielten Madrid und die ganze Umgebung. »Davon kann ich noch ein Lied singen«, sagte unser Führer. »Ich war dabei, ich war Kommunist. Und jetzt bin ich Pfarrer! Man ließ damals die Gefangenen frei, denn man ist nie ganz aus einem Guß ...« Die Kirche hat unter den Einschüssen gelitten, aber hier wie überall sind viele Wundmale dank geschickter Restaurierungsarbeiten verschwunden. »Friesen«, sagte unser freundlicher Pfarrer, als er uns die Friese der Gewölbe zeigte.

Herrliche Tore in der Stadt, hinter denen man Hochschulgebäude vermutet hätte, aber aus einem von ihnen sehe ich Jeeps der Armee fahren ... Aus den Patios sind Kasernenhöfe geworden.

Antwerpen

Ich kam aus einem Aktualitätenkino in Antwerpen. Dort hatte ich ohne Übergang die Bombardierung einer offenen Stadt, einen granatenförmigen Rennwagen in voller Fahrt, applaudierende Japaner vor einem Gehege, in dem ein Falke einen Hasen mordete, das Aufpflanzen einer politischen Parteifahne in einem ebenso unfruchtbaren wie mir symbolisch erscheinenden Eisfeld gesehen und konnte mich zutiefst überzeugen, daß wir stärker als unsere Ahnen sind, schneller voran und weiter kommen und besser zu töten wissen, wenn ich auch an diesen Gewißheiten nicht das geringste Vergnügen empfunden und mich ihrer sogar, glaube ich, geschämt hatte. Mit den Augen und Ohren der Welt wahrgenommen, zeigte sich mir unsere Epoche unter einem Aspekt, der mich empörte. In diesem Geisteszustand begab ich mich auf die Suche nach einem Restaurant, denn es war acht Uhr abends.

Der Wunsch, diese Welt zu fliehen, und sei es nur für eine Stunde, war so stark, daß ich wahllos das erstbeste Restaurant betrat. Zuerst ging ich durch ein Café, das allen Cafés in Europa glich, dann verirrte ich mich, wie es mir oft geschieht, und gelangte in die Küche. Auf meinen Irrtum aufmerksam gemacht und auf den rechten Weg gewiesen, nahm ich einen Augenblick später in einem kleinen, menschenleeren Speisesaal Platz. Und da begann ich, mir erstaunt die Augen zu reiben.

Welchem Zufall verdankte ich es, hier zu sein? Aber es gibt keinen Zufall, und ich befand mich an diesem märchenhaften Ort, weil ich so lange von ihm geträumt und ihn deshalb schließlich entdeckt hatte. So saß ich also im Inneren eines riesigen Diamanten. Dieser absurde und bezaubernde Traum erfüllte sich im Herzen einer großen Handelsstadt, ein paar Schritte von der Avenue de Keyser entfernt, wo der Lärm der Straßenbohrer mit dem Rattern und Quietschen altmodischer Straßenbahnen wetteifert.

Um den Kellner loszuwerden, bestellte ich irgend etwas, und dann betrachtete ich diesen kleinen, noch leeren und stillen Raum, in dem die Kunst der Jahrhundertwende die abenteuerlichsten Arabesken gezeichnet hatte. Über dem großzügig von berlinerblauen Päonien übersäten granatfarbenen Rips der Sitzbänke funkelten Spiegelwände, auf denen ein extravagant verschnörkeltes meergrünes Linienmuster im Gewirr seiner runden oder ovalen Windungen reflektierte Fragmente des Zimmers sehen ließ. Diese geometrischen Figuren flochten sich so viele Male ineinander, daß es das Auge ermüdete, ihnen zu folgen, während sie den Geist zu langen Spaziergängen im Reich der Phantasie anregten. Von meinem Platz aus sah ich in der Tat unter einem großen Strauß blendender Glühbirnen eine Art von Glastunnel, in welchen das Licht wie ein Schnellzug drang.

Ein anliegendes Zimmer zu meiner Rechten lud zu einem vielleicht noch seltsameren Schauspiel ein; denn anstatt des funkelnden Abgrunds und des elektrischen Feuerregens, das das erste bot, begegnete der Blick hier nur den vielfachen Spiegelungen der leeren Tische, über die ein nüchterner Mantelhänger aus gebohnertem Eichenholz wie ein Hirte über seine Herde wachte; aber die unterteilten und eingewinkelten Spiegelflächen verwandelten diesen Raum in ein faszinierendes Labyrinth, dessen Plan ich vergeblich zu erkennen suchte; dabei verlor ich mich bald in den zahllosen Räumen, die in entgegengesetzte Richtungen zu gleiten schienen, um sich schließlich in einem kunstvollen Wirrwarr leuchtender Kanten und augenblendender Flächen ineinanderzuschieben.

In nutzlosem Bemühen um Logik beschloß ich, den Mantelhänger zum Ausgangspunkt zu nehmen und mich an ihm zu orientieren; aber mit erfindungsreicher Tücke und dem sichtbaren Wunsch, meine Berechnungen durcheinanderzubringen, befand er sich nie dort, wo ich ihn zu sehen erwartete. Bald entdeckte ich die feinen Verästelungen seiner hölzernen S in der Nähe einer Tür, bald betrachtete mich dieser banale und perverse Gegenstand ironisch von inmitten der Tische aus, oder er zeigte sich mir in Gruppen von sechs oder acht und simulierte einen kleinen Hain ohne Anmut und ohne Schatten. Manchmal verschwand er auch ganz und gar, und ich fand ihn in weiter Ferne wieder, ganze Tagesmärsche weit in einer Einsamkeit von Reif und schillernden Regenbogenfarben.

Nachdem ich den Versuch, diese geheimnisvollen Phantasien zu begreifen, aufgegeben hatte, genoß ich gleich darauf all das Vergnügen, das sie mir boten. Ich beschloß, nicht mehr an die Gesetze der Perspektive zu glauben und ihnen einstweilen die unergründlichen Launen des Kaleidoskops vorzuziehen. Mich hier vom Blick leiten zu lassen, hieß, mich in die Tiefen einer unerforschten Region vorzuwagen, wo sich die Flächen in einem Sprühregen von Funken überschnitten, wo parallele Linien sich trafen, was nach den Behauptungen der Mathematiker nur im Unendlichen geschieht. In dieser geometrischen Anarchie unterschied ich immerhin die Elemente einer ungewohnten Ordnung, die dem Wunsch, zu gefallen und zu erstaunen, gehorchten. Ich war eine in den Kristallfäden eines Spinnennetzes gefangene Fliege, und wenn ich mich ein wenig mehr nach links neigte, befand ich mich in einem azurblauen Flammenmeer und konnte glauben, daß auch ich mich im Licht zu verbergen vermochte; hielt ich mich aufrecht wie eben noch, so wurde ich mehrerer Dutzend Mantelhänger gewahr, die diesen seltsamen Gast überwachten. Und als ich schließlich von der Speisekarte aufblickte, auf der ich versucht hatte, mit der Feder einige Aspekte der magischen Szenerie festzuhalten, sah ich aus den Wänden zwanzig schwarzgekleidete Männer hervortreten, die sich später auf einen einzigen reduzierten, der einen Teller voll Suppe vor mich hinstellte.

Herrlicher nächtlicher Spaziergang bis zur Keistraat hinter der Sank Pauluskerk. Über den gewundenen, mit dicken Steinen gepflasterten Straßen ragte plötzlich die Spitze der Kathedrale am schwarzen Himmel empor, der Steen im strahlenden Licht mit seinen Reihen hoher Giebelhäuser. Am Rande einer breiten Straße sah ich den Schauermann von Constantin Meunier, einen Sack bis über die Stirn gestülpt, die Faust in die Hüfte gestemmt, aufrecht mit eingebogener Taille, eine Figur von fürstlicher Eleganz ...

Man hatte mir den Zoo von Antwerpen so sehr gelobt, daß ich ihn eines Nachmittags besuchte. Wie traurig, diese eingesperrten Tiere zu sehen. Es ist vielleicht eine unserer größten Sünden, eine Antilope oder einen Adler in Käfigen einzuschließen, aber wir sind alle solche Barbaren, daß wir es nicht einmal wahrnehmen. Zwei fette und glatte Raben aus dem Kongo, glänzend, wie frischpolierte Stiefel. Braune Zebras mit schwarzen Streifen; ihre Hintern sehen wie herrlicher Achat aus. Ein riesiger Kondor, der Kopf wie in einer Art weißer Wollkapuze, die schwarzen Flügel eingezogen, bewegungslos bis auf die fast unmerkbar zuckenden Spitzen der Schwingen, gewaltige, erschreckend große Schwingen, geschaffen, um in schwindelnden Höhen zu fliegen. Er verhält sich wie ein Mann, dem der Schneider für einen Anzug die Maße nehmen wird. Der Eisbär mit seinem unheimlichen Schlenkern, ununterbrochen bewegt er den Kopf hin und her, ohne je aufzuhören, und zuweilen sperrt er das Maul auf und zeigt in einem klaffendem Gähnen seine schmutzig-lila Zunge. Nach einigen Minuten bin ich fortgegangen. Ich hasse die zoologischen Gärten fast ebenso sehr wie die Konzentrationslager, denen sie übrigens sehr ähneln.

Nachts auf dem Coninc Platz. In der Mitte das Getöse eines Jahrmarktsfests. Eine Fläche, auf der sich schreckliche kleine Autos herumdrängen, in denen junge Männer und Mädchen mit viehischen Gesichtern sitzen, aber auch einige, die Memling gemalt haben könnte, mit neblig blaßblauen und bis an die Schläfen gezogenen Augen. Sie vergnügen sich fröhlich lachend, prallen gegeneinander an wie kleine Stiere, schütteln ihr krauses Haar, das über die niedrigen Dickschädelstirnen fällt.

Eric besteht darauf, daß ich Middelheim, das Bildhauermuseum sehe, und eines grüngrauen Frühlingsnachmittags wandern wir allein in diesem Statuengarten herum. Ich schlendere unter den Bäumen und über die Rasenflächen mit dem Gefühl, wirklich bei jemandem zu Gast zu sein. Noch nie glaube ich so stark den Eindruck einer vom Genie bewohnten Welt empfunden zu haben wie auf diesem Spaziergang und den Skulpturen auf so selbstverständliche Art immer dort begegnet zu sein, wo das Auge sie erwartet hat; die *Gottesanbeterin* von Germaine Richier in der Nähe eines beschnittenen und fast versteinert wirkenden Buchsbaumstrauchs, den *Pegasus* von Carl Milles, der sich inmitten einer Lichtung zum Flug aufschwingt, und die *Törichte Jungfrau* von Wouters, die die Kastanienbäume zu Zeugen ihres orgastischen Tanzes macht. Etwas weiter schleudert der *Prophet* von Gargallo, während die Sonne für einen Augenblick den grauen Himmel durchdringt, unserer seelenlosen Welt die selbe Warnung entgegen wie der *Orpheus* von Zadkine; aber da plaudern schwangere Frauen gleichgültig auf einer Wiese, Bauch an Bauch gedrängt, und erst aus der Nähe wird man dessen gewahr, daß sie Bronzefiguren sind und keine Spaziergängerinnen, die sich im Schatten einer Allee unterstellen, denn es hat leise zu regnen begonnen.

Die Statuen glänzen, und wir flüchten uns in das kleine Museum, wo uns wie ein Symbol das riesige Schachspiel von Gentils erwartet, ein nicht für Menschen, sondern für die in gewissen Ecken des Parks geisternden Wesen geschaffen, wie jene *Damen* von Bodini*, die einem inneren Hiroschima entfliehen, oder *König und Königin* von Moore, die in ihrer abstrakten und doch lebendigen Gestalt dem Schachbrett entstiegen zu sein scheinen. Die Sonne kehrt zurück, und ein Wagen fährt uns ans andere Ende der Stadt, in die Gegend der Schleusen. Nach zahllosen Umwegen und um uns von den auf den Wiesen zurückgelegten Kilometern zu erholen, wäre uns eine Tasse Tee willkommen. Endlich sind wir in einem Hotel für Jules Verne, dem *Nautilus*. Die Wände sind aus Glas wie in dem berühmten Unterseeboot, aber was unaufhörlich vor unseren Augen vorüberzieht, sind keine Fische, sondern Schleppkähne und alle Arten von Schiffen. In der Ferne hohe Schornsteine, deren Spitzen in Flammen zu stehen scheinen. Des Nachts, sagt Eric, stellt man sie sich als riesige Fackeln am Tor des Palastes von Teglat-Phalazar** vor.

* Bei den vom Autor genannten Künstlern des Bildhauermuseums handelt es sich um die Französin Germaine Richier (1904–1959), den Schweden Carl Milles (1875–1955), den Belgier Rik Wouters (1882–1916), den Katalanen Pablo Gargallo (1881–1934), den Russen Ossip Zadkine (1890–1967), den Engländer Vic Gentils (* 1919) und den Italiener Floriano Bodini (* 1933). (Anm. d. Ü.)

** Es handelt sich um einen nicht näher lokalisierten Palast der assyrischen Königsfamilie Tiglatpileser. (Anm. d. Ü.)

Der Beginn des Jahrhunderts hat viel Böses angerichtet; das beweist allein schon die Geschichte der Salinen von Chaux. Sie liegen inmitten eines Dornröschenwalds, denn anders kann ich ihn nicht bezeichnen. Die Gebäude sind Ruinen, man hatte sie zum großen Teil mit Dynamit gesprengt, die Steine wie die eines Steinbruchs verwendet, und eins der Wunder Frankreichs wurde bald zu einem bloßen Namen in einem Architekturbuch und vielleicht in einer vagen Ortsbezeichnung auf der Landkarte. Was noch gerettet werden konnte, zeugt jetzt vom Genie des Architekten Ledoux*, jenes Visionärs, dessen Meisterwerke man nach und nach zerstört hat, zuerst in Paris und zuallerletzt beim schandbaren Wiederaufbau des Theaters von Besançon, ursprünglich wie ein Auge und ein Ohr erschaffen, dann einem allzu willkommenen Brand zum Opfer gefallen und durch eins jener schrecklichen Machwerke ersetzt, die heute in Mode sind.

In Arc-et-Senans hatte er eine Stadt im Geiste Proudhons** ersonnen und vorgesehen, einen sich selbst genügenden Mikrokosmos der Gesellschaft, in dem für alles vorgesorgt war, für Arbeit und Muße, und da es bei ersterer um die Ausbeutung der Salzteiche ging, sind der Tropfstein, die Stalaktiten und versteinerten Wasser das Leitmotiv der Dekoration. Ledoux erfand

* Claude-Nicolas Ledoux (1736–1806). (Anm. d. Ü.)

** Pierre Joseph Proudhon (1809–1865), französ. Sozialist. (Anm. d. Ü.)

eine neuartige Säule, deren Schaft in quadratische Blöcke gemeißelt ist, und bei deren Anblick man an das Griechenland Hölderlins denkt, an ein Land also, das nur in der Phantasie eines Schöpfers existiert. Die Gesamtkonzeption ist großartig, aber wie jeder Traum ist diese ideale Stadt unvollendet geblieben.

Die Stadt sollte sich in einem Kreis rund um die Salinen erstrecken. Zwei Gebäude für die Salzgewinnung und das Haus des Direktors sind noch vorhanden. Jenseits der monumentalen Einfahrt, die dem Blick ein Panorama von Felsen erschließt, ist man von dem Bild dieser verlassenen Gebäude ergriffen und empfindet die hier herrschende Leere fast als eine Notwendigkeit, um zu erkennen, was aus dem Traum des Architekten hätte entstehen können.

Bagnáia

Eine ganz kleine Stadt im Latium, vor den Toren von Viterbo, mit ihrem üblichen Charme, den berankten Lauben, den Terrassengärten, die sich über einen Hügelhang erstrecken, dem Ocker und welken Gelb der Häuser und der Bäume im Oktober. Aber die Villa Lante und ihre berühmten Gärten nehmen die Hälfte der Stadt ein. Hier folge ich den Spuren Montaignes, dessen Vergnügen ich dieses Mal teile. Wenn man mir auch erzählt, daß der Palast von Vignola entworfen worden ist, so ist er doch nur ein Renaissancepalast mehr, und wahrscheinlich hat es im XVII. und im XVIII. Jahrhundert Barbaren gegeben, die ihre Retuschen anbrachten. Wenn schon! Die Fresken der Pavillons... nun gut, man hat sie schließlich satt, diese ewigen Fresken an den Häusern und diese Gärten mit ihren Brunnen und beschnittenen Bäumen! Man muß ziemlich weit in den Park hineingehen und Rasenstufen emporsteigen, um den Zauber der hohen Bäume Italiens wiederzufinden und zu vergessen, daß der erste Garten nur ein Theater ist, wo man das Leben der kleinen Stadt betrachten kann. Einst genoß *sie* das Schauspiel, als Päpste und Fürsten kamen, um sich hier auszuruhen und sich sozusagen in Szene zu setzen.

Gehen wir weiter. Die Straße wird ein wenig unheimlich. Ist es die Herbstsonne, die die Landschaft so zum Erstarren bringt? Wir durchqueren Bomarzo, das den Anblick einer Nekropole bietet. In dieser Jahreszeit ist alles verödet, denn man kommt vor allem im Sommer hierher, um sich die massigen Steinungeheuer anzuschauen, die ein einäugiger und häßlicher Orsini nach dem Sieg von Lepanto von türkischen Kriegsgefangenen anfertigen ließ, um sich im voraus an einer möglichen Untreue seiner Gemahlin zu rächen und sie zum Gebären eines Ungeheuers zu bringen. Er ließ sie nur in den letzten Stunden des Tages in seinen Park heraus. So kam sie nieder und starb. Es ist die berühmte Schadenfreude, von der Freud spricht.

Das Schloß der Orsini, eine massige und stolze Festung, beherrscht diesen verzauberten und unheilvollen Park, dessen Ungeheuer jedoch nicht einmal mehr einem Baby Angst machen könnten. Hier zerreißt ein Riese einen Mann, dem er die Beine auseinanderzerrt, dort sperrt ein gigantischer Kopf seinen Rachen auf, der das Tor zur Hölle sein soll. In der Tiefe des Mauls sieht man einen steinernen Tisch, den einst gegen Abend eine rote Tischdecke bedeckte und an dem die als Dämonen verkleideten Diener des Herzogs speisten, wenn seine liebe Gemahlin ihren Abendspaziergang machte. Wie kindisch das alles wirkt! Die Natur ringsum ist herrlich, aber um wirkliche Furcht zu erregen, hätten diese Statuen auf menschliche Maße reduziert werden müssen. Ein bezauberndes kleines, schräg gebautes Haus erweckt, wenn man eintritt, das Gefühl, daß die Welt draußen zu schwanken beginnt. Ein zu ebener Erde auf dem Rasen liegender Kopf, der die Kugel eines komplizierten Spiels trägt, scheint auf die Ausgelassenheiten einer Alice zu warten. Etwas weiter lädt eine von schattigem Laub geschützte Bank zu einer wunderbaren Aussicht ein: Hier gibt es keine Ungeheuer und keine Touristen, was, wie ich zu sagen versucht bin, fast das Gleiche ist.

Baltimore

Als ich gestern in Baltimore eine mit Wagen vollgestopfte Straße betrachtete, fragte ich mich, ob sie häßlich oder schön sei, und auf Berufung welcher Geschmacksregeln man das beurteilen könne. In den Augen derer, die sie gebaut haben und sie jeden Tag sehen, dürfte sie schön sein, aber mir schien sie häßlich, weil sie zu wenig jenen Straßen gleicht, die ich liebe, denen, die sich mir in Paris und Rom wie schwirrende Pfeile ins Herz bohren, aber diese letzteren finden vielleicht keine Gnade im Geiste Gottes, auf den man jede Idee der Vollkommenheit zurückführen muß, weil nur, was gemäß Gott schön ist, im absoluten Sinn schön sein kann.

Versuchen wir, die uns umgebenden Gegenstände mit einem von keinem Zauber getrübten Blick zu betrachten, so ist es unmöglich, nicht zumindest von seltsamen Gedanken berührt zu sein und von Zweifeln über die Schönheit dessen, was wir bewundern. Bemühen wir uns zum Beispiel, uns vorzustellen, was ein in einem modernen Haus gefangener Marsbewohner denken würde; seine Augen würden vielleicht nichts wahrnehmen, was er nicht seltsam, unerklärlich oder widerwärtig fände.

Lange Spaziergänge den Straßen entlang. Gestern nacht, als ich aus dem Hause meiner Kusine kam, wurde ich von Polizisten angehalten, denen es verdächtig erschien, daß ich zu Fuß ging. Ganz Amerika fährt Auto, und hier sind die Straßen nicht für Fußgänger da.

Ich ging bis zum Federal Hill Park hinunter, um mir

die Hafenwerften anzuschauen, wo man alte Schiffe wieder auftakelt und dann nach England schickt. Tösendes Gerassel und Gehämmer, aufblitzende Scheinwerfer in der Nacht, große, dickbäuchige Schiffe in rot und weiß, grell erleuchtet. Wie unwirklich das alles aussieht.

In der *Peabody Library*, deren hohe Fenster auf einen hübschen, von kleinen Häusern umgebenen Platz blikken; getünchte Backsteinfassaden, umschlossen von verzierten Balkonen, die schwarzen, breite Brustkörbe einschnürenden Spitzenborten ähneln. Der Saal, in dem ich arbeite, ist fast leer. Der Schatten sinkt von der Decke herab, wohin er sich zur Mittagszeit geflüchtet hatte, und hängt über den erglimmenden Lampen. Frieden, Vergessen, Langeweile, Geschmack am Studium, Geschmack an Nutzlosigkeit, aber an strenger Nutzlosigkeit, von alledem schwebt ein Hauch über den geschwärzten Regalen dieses weiten Raums. Ich ziehe die Bände von Littré, Grimm und Gesenius aus ihrem Schlaf. Oh welches Glück, sich an etwas zu bereichern, das keinen Handelswert besitzt! Welchen Zweck hat es, den herrlichen Artikel über das *où* im Wörterbuch von Littré abzuschreiben? Überhaupt keinen, aber ich verlasse diesen öden Ort zufrieden und mit Sätzen von Racine im Kopf.

Bei meiner Kusine Nan erscheint plötzlich Dali mit einer gelben Pappmappe unter dem Arm. Sein dünner, äußerst langer Schnurrbart versetzt der leeren Luft links und rechts Dolchstöße. Er führt uns einige *Ideen* vor. In Amerika, so sagt er, gibt es keine Landschaft; folglich lasse er sich in seinen Wagen farbige Fenster einbauen und mit Bildern bemalen, Vögeln usw., um nicht die

Coca Cola Plakate usw. sehen zu müssen. Dann entnimmt er seiner Mappe einen Farbdruck, den er retuschiert hat. »Es stellt eine Bibliothek dar«, erklärt er mir. Ich sehe zuerst nur eine mit ihrem Hirten heimkehrende Schafherde, aber er weist mich darauf hin, daß jedes Schaf in Wirklichkeit ein Sessel ist, denn er hat in der Tat diese Tiere mit Möbelfüßen ausgestattet...

Beim russischen Ballett. Hier in Baltimore fehlt ihnen diese besondere Autorität, die sie in Paris in der Oper oder im Théâtre des Champs Elysées ausstrahlten. Zwischen ihnen und den Zuschauern in Baltimore gibt es nicht die Pariser Komplizität, sondern, im Gegenteil, eine unsichtbare Barriere, die der Saal, von der Truppe unbemerkt, errichtet hat. Und dann fehlt ihnen auch die Sinnlichkeit von 1925, diese Art von Elektrizität, die den Saal vom Aufgehen des Vorhangs an durchlief; heute erinnern sie mich an ich weiß nicht welches Zauberkunststück, das nicht gelingt, weil die Zuschauer nicht mehr mitmachen. Der Teufel hat das Interesse an diesem Schauspiel verloren, das er einst persönlich auf den Brettern von Paris zur Aufführung brachte. Man sieht nichts mehr von dem bestürzenden Triumph dessen, was verboten ist, und die unschuldigen Kreuz- und Luftsprünge bringen niemanden mehr aus der Fassung.

Bevor ich Baltimore verließ, sagte ich mir: »Eines Tages werde ich nach Europa zurückkehren, aber bevor ich das tue, werde ich einen Blumenstrauß am Grabe Edgar Poes niederlegen.« Denn er ist in Baltimore begraben. Und welche Blumen wollte ich dem Dichter bringen? Die schönsten, die königlichsten von allen, Schwertlilien. Nichts gleicht an Pracht ihrem Flammenmantel und diesem zugleich strahlenden und nächtlichen Blau. Schwertlilien also. Aber einen Strauß Schwertlilien zu tragen ist nicht so einfach, wie man denken könnte; es verleiht einem ein undefinierbar linkisches und naives Aussehen. Schließlich siegte die menschliche Eitelkeit über mein Vorhaben, und mein Blumenstrauß löste sich in Luft auf. Ich dachte kaum noch daran, als meine Kusine mir eines Tages verkündete: »Heute nachmittag zeige ich dir Edgar Allan Poes Grab.« Wie gut ich mir dieses Grab vorzustellen vermochte! Ich sah es natürlich am Ende einer Zypressenallee, »Zypressen, mit Psyche, der Seel'«, wie es in *Ulalume* heißt.

Was die Wallfahrt erleichterte, war der Wagen meiner Kusine. Wir stiegen ein und fuhren los... Unterwegs dachte ich immer wieder an meine Blumen. Schwertlilien. Ich hätte ihnen noch Gladiolen hinzufügen können, und als Kontrast zwei Lilien, eine schwarz und eine weiß. So stellte ich meinen Blumenstrauß zusammen, während wir durch die Stadt fuhren, und jedesmal, wenn es mir einfiel, mit meiner Kusine über die Blumen zu sprechen, ergriff sie das Wort, wie um mich zu hindern, das zu sagen, was ich sagen wollte. Gräßlich, die Straßen, die wir an diesem Julitag durchfuhren. Die kleinen Backsteinhäuser folgten einander mit einer irgendwie trotzigen Bärbeißigkeit; die Hitze fiel in schweren Schwaden, und der stark mitgenommene Asphalt schwoll hie und da auf. Endlich eine breite Straße mit etwas höheren Häusern, jedes mit seinen drei kleinen Marmorstufen, die in Baltimore Tradition sind. Eine Straßenbahn rattert quietschend vorbei. Wenn wir doch nur bald da wären! Die grelle

Schärfe des unerbittlichen Lichts und das schrille Kreischen, das mir wie der Schrei der triumphierenden Hitze erscheint, alles das ist mir feind, und ich sehne mich schmachtend nach den romantischen, kühlen Schatten, die mich erwarten. Plötzlich hält der Wagen. »Steig aus, wir sind da.«

Ich steige aus, verstehe aber nicht. Die Backsteinkirche, vor der ich mich befinde, nehme ich kaum wahr. Und dabei ist sie nicht einmal häßlich, sieht wie eine Dorfkirche aus, die vergeblich nach ihren Wiesen sucht. Ein Gitter umgibt sie, trennt sie von der Straße, aber nicht von dem Lärm, der ihr von allen Seiten entgegenprallt und sie mißhandelt.

»Wir können nicht herein«, sagt meine Kusine, »die Pforte ist geschlossen. Aber man sieht es gut von hier.« Das Getöse einer Straßenbahn übertönt ihre Stimme. Mit ihrer behandschuhten Linken zeigt sie mir einen kleinen Fleck zwischen der Pforte und der Kirche, auf dem ein kränkliches Gras wächst, und da sehe ich plötzlich den dicken, gelben quadratischen Stein mit seinen verwitterten Reliefmeißeleien. Endlich begreife ich. Hier hat man ihn verscharrt, liegengelassen, aufgegeben. Meine Finger berühren die brennendheißen Gitterstäbe, und ich fühle mich von einer unsagbaren Traurigkeit ergriffen. Hinter diesem Gitter liegt das, was von Poe geblieben ist. Kann man sagen, daß er dort ruht? Tief und fest ist der Schlaf der Toten. Welche Verachtung muß jetzt der Mann, »dem jede Schlang' den Mund verzerrt, nur nicht das Lachen«, all diesem Lärm und dieser Vulgarität entgegensetzen . . . Da tritt eine Frau auf uns zu; sie hat gesehen, daß wir Besucher sind, und sie ist eine Frau aus dem Volk. »Gehören Sie vielleicht zur Familie?« fragt sie. – »Nein.« – »Aha! Sie sind also Touristen?« Und fügt sogleich hinzu: »Was der gesoffen hat! Eines Tages wurde er hier ganz in der Nähe von der Gosse aufgelesen. Total besoffen.« Sie legt meiner Kusine ihre kräftige Hand auf den Arm und sagt vertraulich zu ihr: »Ach ja, meine Liebe (*sister*), man erzählt so viel...«

»Gehen wir, Kusine, ich bitte Sie.« An meinen Strauß denke ich nicht mehr. Nur noch an Poe will ich denken. Einige Wochen vor dieser Wallfahrt war ich unter den hohen Bäumen des Universitätsparks spazierengegangen, von denen einige sich noch an den Dichter erinnern könnten. Zu meiner Studienzeit war Poe auf der Universität noch nicht das Gespenst, das er anderenorts geworden ist. Man zeigte sich sein Zimmer oder, besser gesagt, die Tür seines Zimmers, als ob man erwartete, durch diese Tür den finsteren jungen Mann treten zu sehen, der für uns das Prestige des Genies und der Schönheit bewahrte, aber auch das der Disziplinlosigkeit, weil er einen schlechten Ruf genoß, der ihn wie ein seltsamer Heiligenschein schmückte. Ich weiß, daß seitdem mancher, der für eine Professorenstelle kandidierte, in einer These nachgewiesen hat, daß Poe nie wegen seines übermäßigen Trinkens von der Universität verwiesen worden ist, aber die Legende hat sich offenbar zäher gezeigt als die Dokumentation dieser gelehrten Herren. Und wie alle Figuren der Legende bewahrt er seine Geheimnisse und kann sich jederzeit in einen undurchdringlichen Schatten zurückziehen. Wir liebten diese Verachtung; es gefiel uns, daß dieser Student den unverschämten Fragen seiner Biographen mit hochmütigem Schweigen begegnete. Für uns blieb er der Ältere, der große schweigsame Kamerad, und er gehörte uns mehr als der übrigen Welt. Ich erinnere mich, mit welcher Ehrfurcht ich zum ersten Mal sein Zimmer betrat, einen kahlen, einer Mönchszelle ähnlichen Raum, den nur ein hoher und flacher, dunkelgrün gestrichener Kamin im englischen Stil zierte. Keine Möbel. Einer Überlieferung gemäß soll er sie in einer Winternacht verbrannt haben, um sich zu wärmen. Einige Jahre nachdem ich die Universität verlassen hatte und nach Frankreich zurückgekehrt war, schenkte man mir einen Schlüssel zu diesem Zimmer als Andenken, und ich kann nun, wann es mir beliebt, beim Mysterienfürsten einkehren. Es ist sogar eins der sehr seltenen Vorrechte, die ich auf dieser Welt genossen haben werde, nach Amerika zu reisen und mir, wann immer ich Lust dazu verspüre, Edgar Poes Tür aufzuschließen. Ein Privileg, das ich nicht missen möchte.

Was sah er, wenn er sein Zimmer verließ? Eines seiner Gedichte wegen, das für mich voller Erinnerungen von dort ist, stelle ich ihn mir vor, wie er seine Lampe ausbläst und die Tür hinter sich schließt. Jetzt macht er ein paar Schritte unter den Kolonnaden; von den Laternen, die die Studenten nach einem altehrwürdigen Brauch mit Steinwürfen zerschlagen haben, kommt kein Licht, aber der Frühlingsmond leuchtet am schwarzen Himmel, und am Boden, zu den Füßen der kleinen silberweißen dorischen Säulen zeichnen sich wie ein dicker Tintenstrich noch einmal die gleichen Säulen ab. Und all diese Düfte in der lauen Nacht! Ganz in der Nähe verbreiten die Blütentrauben der Glyzinien ihren Wohlgeruch. Noch ein paar Schritte, und er ist auf der langen Rasenfläche vor der Bibliothek, deren riesige Silhouette sich vom gestirnten Himmelshintergrund abhebt. Die großen Marmorpfeiler mit den gekräuselten Kapitellen strahlen in einem fast natürlichen Glanz, als ob sie aus einer unbekannten Materie bestünden und wie der Schnee das Licht reflektierten. Der junge Mann hebt den Kopf zum Himmel empor, und der Himmel ist nicht tiefer als der Blick dieser wunderbaren, die Sterne durchwandernden Augen. Vielleicht mischt sich im Hirn des Dichters die Intuition einer großen Bestimmung mit all den Träumen seines zwanzigsten Lebensjahrs. Er öffnet die Lippen, und es sieht ganz so aus, als spräche er für sich allein. Doch wie gut entspricht das Pochen seines Herzens in dieser Minute dem der ganzen Jugend der Welt! »*In Junimitternacht steh ich im mystisch fahlen Mondeslicht . . .*« So wie er da im duftenden Gras steht, das wir nach ihm betreten haben, so finde ich ihn wieder, unter all den Säulen und den hohen Bäumen, die in der amerikanischen Nacht flüstern.

Die Falbeln des Rheins um die Brückenbögen. Heute früh ist er wütend, und mit seinen lehmfarbenen Wassern erinnert er mich an einen amerikanischen Fluß, dessen Dimensionen er im lauten Getöse seines Gefälles annimmt. Ich schaue ihn mir von einer Terrasse aus an, wo ich Kaffee trinke. Kurz vorher sprach ich mit einem jungen Mädchen. Von einer entnervenden Treuherzigkeit. »Zum Bahnhof geht's immer geradeaus, Monsieur.« Sie hat Augen, durch die der Himmel scheint, aber wenn man sie sieht, hofft man, daß ihr Mann sie prügelt. Seltsam, sich in einem Land zu befinden, das nie bombardiert worden ist.

Im Hotel *Drei Könige*, dem ältesten Europas. Es gab mir einen Schock, als ich aus dem Fenster meines Zimmers blickte und am gegenüberliegenden Flußufer das mit Scharten und Zinnen versehene, massige und klotzige rosa Backsteingebäude im mittelalterlichen Stil sah, das mir schon 1925 aufgefallen war, als ich mit Robert in der Konditorei an der Ecke der alten Brücke saß. »Schau,« hatte ich gesagt, »das Haus meines Großvaters.« Es besteht wirklich eine Ähnlichkeit, und ich fühlte mich für einen Augenblick um 55 Jahre zurückversetzt.

Im Museum hängt ein Gemälde des in Frankreich zu Unrecht verkannten Malers Böcklin. Es ist eine Pietà, unübertroffen in ihrem Ausdruck eines fast übermenschlichen Schmerzes. Die Jungfrau trägt einen schwarzen Schleier, der zum Teil den liegenden Christus bedeckt. Sie wirft den Kopf zurück und ist auf so realistische Weise in Tränen ausgebrochen, daß man versucht ist, schamhaft den Blick abzuwenden. Sie ist eine Frau von heute und von immer, die die schreckliche Prüfung, den gemarterten Körper ihres Sohnes zu sehen, nicht ertragen kann. Das Gesicht des Christus ist von erhabener Abgeklärtheit, als ob er wüßte, oder eher, weil er weiß. Es liegt ein Abgrund zwischen dem Schmerz der Mutter und der Ruhe des Sohnes. Lange verweilte ich vor diesem in seiner Schönheit und in seinem ergreifenden Ausdruck so außergewöhnlichen Gemälde. Eric erzählte mir, er habe in der Berliner Nationalgalerie eine Kreuzabnahme von Böcklin gesehen, auf der das Gesicht der Jungfrau einen Eindruck von Herzensverzweiflung vermittle, der mit dem der *Weinenden Jungfrau* von Dirk Bouts vergleichbar sei.

Eines Nachmittags spazieren wir in einem Wald an einem Fluß oder Kanal entlang und an kleinen parallelen Wasserfällen vorbei; ich weiß nicht, wie viele es sind, aber ihre Zahl ist groß, und ihr Rauschen auf den Kieselsteinen begleitet uns auf dem ganzen Wege. Und an einem anderen Abend lädt uns das Plätschern eines Brunnens in der Nähe des Münsters zu langem Verweilen ein, während das Mondlicht auf den Dächern schimmert.

Diese so schöne Stadt mit ihren im Zickzack verlaufenden Straßen und den kleinen bemalten Häusern ist für den Autofahrer ein wahres Labyrinth; immer wieder muß man in die gleiche Richtung biegen, und falls man das Pech hat, an dem Ort, an dem man halten wollte, vorbeigefahren zu sein, ist man gezwungen, die ganze Rundfahrt noch einmal zu machen, manchmal sogar über das andere Rheinufer. Wie beim Menschärgere-Dich-nicht. Im Hotel amüsiert uns eine Kleinigkeit. Auf den Anweisungen für Brandfälle, die in jedem Zimmer angeschlagen sind, werden die »Fluchtwege« angegeben, womit man hier die Notausgänge bezeichnet.

Auf dem Treppenabsatz der ersten Etage des Museums steht die riesige Maschine von Tinguely. Diese ungewöhnliche Konstruktion, die quietschenden Getriebe, die sich hebenden Kolben, die sich drehenden Räder, die sich bewegenden Rohre, dieser ganze Prozeß, der schließlich mit dem leichten und dumpfen Aufplumpsen eines Balls endet, hält uns lange im Bann, wie Kinder, für die nicht der Zauber, sondern das Zauberkunststück wichtig ist.

Der Rhein fasziniert uns alle drei, und während Jean und Eric auf einer Terrasse über dem Fluß Karten spielen, betrachte ich vom Fenster meines Zimmers aus die großen Kähne, die über die raschen Fluten gleiten, und werde dieser Aufforderung zu einer nie endenden Reise nicht müde. Das Dort ist eins jener magischen Wörter, die ich auf dieser Erde geliebt haben werde – dort, die fernen Länder, das Anderswo ...

Bergen

Die Holzhäuser erinnern an jene, die man in den ältesten Städten Amerikas sieht, und deren Fassaden falsche Säulen mit Kapitellen aus Akanthusblättern zieren. Das hanseatische Haus ist ein kleines schwarzes und unheimliches Gebäude, in welchem einige Zimmer mir Alpträume verursachen würden, wenn ich dort die Nacht verbringen müßte, und ganz besonders das Zimmer der Lehrlinge. Nie ist eine Frau in diesen Raum gedrungen. Ein Innenfenster über den Betten ermöglichte es dem Dienstmädchen, die Laken zu wechseln, ohne sich zwischen diese vier Wände zu begeben. Sie stand entweder auf der Treppe oder in einem Nebenzimmer, beugte sich hinein und zog an den Laken und Decken. Seltsames Haus. Die deutschen Kaufleute, so sagte man uns, verheirateten sich nicht. Über dem Bett eines dieser Kaufleute hängt ein primitives Gemälde, das eine Frau darstellt, und das wahrscheinlich der Ausgangspunkt vieler Träume war. Ein mit Nägeln bestücktes Seil, mit dem man die zu spät heimkehrenden Lehrlinge schlug. Wenige Fenster zur Straße hinaus. Man schlief in Schränken.

Heute früh in Bergen. Ich bin hier mit Robert im Juli 1928 gewesen, und es ist eine glückliche Erinnerung. Eric ist wie ich von dieser Stadt mit ihren mit zarten Farben gestrichenen Häusern begeistert, hellgrün, blaßgrau, himmelblau, wie eine Widerspiegelung der augenscheinlichen Unschuld ihrer Einwohner – ich sage augenscheinlich ohne Ironie, sage nur, was ich sehe. Wahre Engelsgesichter schauen uns auf den Straßen mit einer liebevollen Heiterkeit an. Schon vor fünfzig Jahren hatte ich den gleichen Eindruck. Die traurige Sexualität scheint nicht vorhanden zu sein. Es ist meines Erachtens die schönste Rasse des Westens im physischen Sinne, mit der Besonderheit, daß der Gedanke, Begierde zu erregen, sie nie berührt zu haben scheint. Gewiß, das Fleisch fordert auch hier seinen Tribut, wie überall, aber das Laster nicht. So sehe ich es.

Das Hanseatische Museum ist ein Ort des Grauens. Das Haus ist klein und dunkel, die Treppen sind steil wie Leitern, und in den engen, finsteren Zimmern verspürt man immer noch das Geistern schrecklicher Erinnerungen. Die Lehrlinge schliefen in zu kurzen Betten im Inneren jener Wandschränke, deren Türen gemalte Meerjungfrauen schmücken. Die Ungehorsamen, die Verspäteten, wurden mit Knotenseilschlägen bestraft. Der Gegenstand wird ehrfürchtig in einer Vitrine aufbewahrt; das Seil ist kaum vierzig Zentimeter lang, geflochten, dick und hart und endet in einem Seemannsknoten.

Dieses hanseatische Haus ist eine wahre kleine Hölle. Immerhin sehe ich in einem Saal mit niedriger Decke und breiten Fensternischen mit kleinen Butzenscheiben, durch die ein schwaches Licht dringt, ein großes und dickes Buch ehrwürdigen Aussehens auf einem imposanten Pult. Die Bibel wahrscheinlich, denn wir sind hier bei Luther. Aber nein, es ist ein monumentales Kontenbuch.

Spaziergang in der Stadt. Die bemalten Häuser sehen aus, als ob sie vor Glückseligkeit lächelten. Sehr schöne Kinder vergnügen sich damit, auf ein riesiges, vorsintflutliches Tier aus Holz zu klettern. Man steigt auf seinen Rücken und fordert die Welt heraus. Mitten auf einem Platz ein großer gekreuzigter Christus aus Schmiedeeisen, fast auf ebener Erde aufgestellt, sehr realistisch und sehr ergreifend. Die mittelalterliche Kathedrale, von der Reform konfisziert, hat viel Würde bewahrt, der Altar ist der gleiche wie in den alten katholischen Kirchen, und der kreisförmige Abendmahlstisch ist unten mit einem gelben Lederpolster umrandet, woraus ich schließe, daß das Abendmahl kniend eingenommen wird. Ich habe zwar wenig für den lutherischen Glauben übrig, aber er ist dem Andenken seiner römischen Ursprünge treu geblieben. Der Anstand ist vollkommen und die Schönheit unleugbar.

Fischmarkt am Hafen. Hier hat das Meer seine Eingeweide ausgespien. Auf den großen Verkaufstischen, die an Fleischerbänke gemahnen, herrschen das Grau und das Rosa vor, mit Blutflecken an den Mäulern und längs der aufgeschlitzten Leiber. Aber das Blut, das aus dem Meer kommt, hat eine kältere Farbe. Große Fische mit gesträubten Schuppenbärten glotzen die Vorübergehenden aus wütigen Augen und mit weit aufgerissenen Mäulern an, wie die Schauspieler des Nō, die die Samurai spielen. Lachse, Schollen, Heringe, Aale, Darsteller einer menschlichen Komödie, die sich in den Meerestiefen abgespielt hat und wie die unsere unter diesen Schutzdächern endet, während ein wenig weiter zwei junge rotwangige Blumenverkäuferinnen ihre Margeriten- und Zinniensträuße feilbieten.

Hier ist es lohnend, gegen Tagesende anzukommen. Mich zur Stunde, da das Licht zögernd schwächer wird, in eine unbekannte Stadt zu schleichen, nicht ganz bei Anbruch der Dunkelheit, sondern ein wenig vorher, erfüllt mich immer mit einer geheimen Freude. Ich weiß nicht, was ich mir erhoffe, aber ich erhoffe mir viel...

Spaziergang nach dem Abendessen durch eine lange und schöne Straße, bestimmt eine der merkwürdigsten der Welt mit ihren alten Häusern, deren Erdgeschosse ein wenig wie die Wurzeln uralter Eichen hervorragen, und deren Dächer sich wie Hüte abzeichnen; und diese Straße ist so lang, daß sie jenen gleicht, die man im Traum durchwandert und die kein Ende nehmen. Mitten auf dem Fahrdamm ragen in gewissen Abständen Brunnen mit Renaissancefiguren empor. Für einen Roman ist diese Szenerie nicht verwendbar; viel zu schön. Da müßte man schon ein Hugo oder ein Hawthorne sein.

Heute früh ein kleiner Stadtbummel in der Nähe des Münsters. Markttag. Obst, Gemüse, Käse, Wurstwaren, ein Überfluß an allem, was in anderen Teilen der Welt so schmerzlich vermißt wird. Es gibt so viel, daß es unwirklich scheint. Man hat den Eindruck, nur das Elend sei wirklich wahr und ernst zu nehmen, während dem Glück, das man hier sieht, etwas Illusorisches anhaftet.

Jedesmal, wenn ich hierher zurückkehre, bezaubern mich die Spielzeugbrunnen, und ich empfinde immer wieder die gleiche Freude, wenn ich unter den Arkaden durch diese Straße schlendere, auf der die Sonne die Giebel zu meiner Linken mit der Präzision und Schärfe des Mondlichts abzeichnet. Wir sind fast allein, Jean, Eric und ich, zu dieser Stunde, da alle zu Mittag essen; zuweilen müssen wir über die vor den Läden schlafenden Hunde steigen, auf der Schattenseite, wo die kühle Kellerluft mich frösteln läßt.

Auf dem Münster strecken sich die Gerüste himmelwärts, hüllen die riesige Masse in jene Verpackung aus Zeltplanen und Brettern ein, die über die Städte eine mittelalterliche Aura verbreiten, als wenn noch niemand das vollendete Werk gesehen hätte, das man den Blicken verbarg, um es am ersten Festtag einzuweihen.

Im *Duna Palota* am Franz-Josef-Kai, am Ufer der Schönen Blauen Donau, die ich nirgends blau gesehen habe, vor allem nicht in Wien, wo sie nur grüngräulich, schlammig und brodelnd am Rande der Stadt vorbeifließt. In der Nacht, auf der Restaurantterrasse des Hotels fiedelt mir ein Zigeuner Melodien ins Ohr, zur Begleitung einer Süßspeise aus gezuckerten Nudeln, während der Fluß die Lichter der Stadt mit sich schwemmt.

Pest ist eine Stadt des XIX. Jahrhunderts, voll massiger, mit Stuck überladener Häuser, wie man sie in Antwerpen, in Barcelona und zuweilen auch in Paris am Parc Monceau sieht. Auf dem anderen Ufer des Flusses – breit und schön – beherrscht die Maria-Theresia-Festung die ganze sandige Ebene, und die Paläste Budas, der alten Stadt, wurden offenbar nach der türkischen Besatzung einer gründlichen Wiederinstandsetzung unterzogen. Was die italienischen Künstler in der Renaissance ausgeschmückt hatten, war von den Paschas orientalisiert worden, und Kirchen hatten sich in Moscheen verwandelt. Die Eroberer versuchen immer wieder, den Seelen, die sie sich zu unterwerfen glauben, ihre Religion aufzuzwingen.

Der Baron Hatvanyi zeigt mir seine in diesem Teil der Welt berühmte Gemäldesammlung*. Er ist ein hochgewachsener, hagerer und liebenswürdiger alter Herr. Es liegt ein gewisser Charme in seiner Haltung, und sogar

* Sie befindet sich jetzt im Nationalmuseum. (Anm. d. Autors)

eine Art von Grandezza. Sein Haus ist voller Meisterwerke. Die *Kämpfer* von Courbet, ein kraftvolles und langweiliges Bild, wie mir schien. Ein kleines Karikaturporträt Courbets von Couture: Courbet, in eine rote Bluse gekleidet, sitzt auf einem großen, in Stein gemeißelten klassischen Haupt und zeichnet einen Schweinskopf. Der *Selbstmörder* von Manet beeindruckte mich. Ein großes Bukett von Fantin-Latour: ein Zweig wilder Jasmin auf fast schwarzem Hintergrund...

Im Kiralyifurdö, einem im XVII. Jahrhundert von einem Padischah nebelhaften Angedenkens erbautes Bad. Das Licht dringt durch eine Kuppel aus Butzenscheiben in allen Farben, was eine der *Tausendundeinen Nacht* würdige Wirkung erzeugt. Ein riesiger Bronzelöwe speit unermüdlich Wasser in das Schwimmbekken, das Wasser spiegelt das vielfarbige Licht wider, dämpft es jedoch bis in halbschattige Tönungen. Hie und da durchqueren Körper diese blauen, roten oder sonnenfarbenen Zonen...

Ich möchte auf keinen Fall alles beschreiben, was ich gesehen habe, denn sonst würden meine Reisen zu Alpträumen werden. Ich habe jedoch bemerkt, daß es im Herzen einer jeden Stadt eine kleine Festung gibt, eine Redoute. Jawohl, Redoute ist das passende Wort, denn man kämpft sich hinein und ist, einmal drinnen, allen möglichen Attacken ausgesetzt. Die Truppen dort tragen viele Arten von Uniformen: schokoladenbraune und sahneweiße, vanillegelbe und erdbeerrote, und alle Schläge sind erlaubt – in die Leber und auf die schlanke Linie. In Budapest heißt diese Redoute Gerbault. Man könnte eine Europakarte für Schlemmer zusammenstellen, und mein Gedächtnis flüstert mir bereits die

Namen zu: »Interlaken, Florenz, Zürich, Wien... Nein, du vergißt nichts, Niffenegger, Sacher, Gerbault, Sprüngli, Doney, Moehring... Und dann der große Dahingeschiedene, Glop, an der Madeleine in Paris, Glop, dessen lautmalender Name eine Erfindung von Rabelais sein könnte...

Cardiff

Wir sind spät zum Mittagessen gekommen – es war fast drei Uhr nachmittags –, und in der Hotelhalle servierte man uns Tee und einen Berg der allerleckersten Sandwiches, die ich je gegessen habe. Unser erster Besuch gilt der Johannes-der-Täufer-Kirche. Sie ist groß, schön und so gotisch, wie man sie sich nur wünschen kann. Sie liegt mindestens einen Meter unter dem Straßenniveau, und als ich mich innerhalb dieser wie vom Protestantismus geprägten Mauern bewegte, verspürte ich zum ersten Mal ein unsagbares Heimweh nach der Kirche meiner Kindheit, der Kirche meiner Mutter. Ein Gefühl des Gebets und der vertrauten Nähe Gottes, und auch eine ich weiß nicht welche tröstende Wärme, die dieser Ort ausstrahlte, ließen mich schmerzlich bedauern, daß wir uns nicht mehr einig sind, sie und wir Katholiken. Ich weiß es wohl, derartige Eindrücke sind sentimental und fast physisch, aber trotz alledem – wie traurig, daß wir uns getrennt haben! Die langen, im Zwielicht schimmernden Bänke aus dunklem Holz, die Kirchenfenster von Burne-Jones, so viele Erinnerungen, die wie in Schwaden aufsteigen ... Ich habe mein Bestes getan, um mir meine Rührung nicht anmerken zu lassen, aber sie war stark. Diese einst katholische Kirche hatte vermutlich irgendwo noch etwas von ihrem alten Glauben bewahrt, in ihren Steinen, bis in ihre Hochgewölbe, zu denen in längst vergangenen Zeiten lateinische Hymnen emporstiegen.

Die Burg von Cardiff mit ihren langen niedrigen

Mauern und ihren streitbaren Zinnen ist von so gepflegten Rasenflächen umgeben, daß man auf ihnen Golf spielen könnte; und sie sind da, wie um die Landschaft lieblicher zu gestalten und die Festung zu besänftigen. Sie sieht übrigens nicht sehr bedrohlich aus. Man kann den Hof besichtigen, wo anmutige Grünanlagen das Auge erfreuen. Ein Dutzend Pfaue schleppen langsam und protzend ihre langen geäugten Federschwänze im Gras unter einem grauen Himmel. Massige Türme beherrschen diese zugleich friedliche und kriegerische Szenerie.

Im Museum fiel mir unter vielen sehr kostbaren Gemälden ein kleines Bild von Granicci besonders auf, das Christus am Kreuze stehend zeigt, einen Kelch zu seinen Füßen, in den ein Blutstrahl aus seiner durchbohrten Hand fließt. Eine klarere Definition der Messe läßt sich in der Malerei nicht darstellen. Das Bild ist von einer überwältigenden Schönheit. Hier hat der Glaube den Pinsel geführt. In der Halle eine große Skulptur von prächtigem Schwung, an Rodin gemahnend; sie ist von Goscombe John, das Denkmal für die Toten der *Royal Liverpool*, und sie heißt *Der junge Trommler.* Sitzend schlägt er den Takt zum Marsch seiner toten Freunde in die Unsterblichkeit. Hinter ihm eine Garbe wehender Fahnen und zu seinen Füßen eine Kugel und ein Kanonenrohr. Aus seinem halboffenen Mund dringt so etwas wie ein letzter Lebensgesang.

Die Waliser Stimmen gehören zu den wohlklingendsten der Welt, und auf einer kleinen Fußgängerstraße, wo wir einen Schaufensterbummel machten, erfreuten wir uns am glücklichen Klang des Geplauders und

Gelächters, das uns begleitete. Es erinnerte mich an einen Film mit Bette Davis, den ich in Boston gesehen hatte, und in dem herrliche Chöre der Waliser Bergleute zu hören waren.

Wir kamen mitten in der Nacht an und begaben uns geradewegs in das einzige Hotel der Stadt, das *Monticello*. Am nächsten Morgen erwachte ich früh und lief zum Fenster. Nie werde ich diesen Augenblick vergessen. Auf der anderen Seite eines kleinen, menschenleeren Platzes lag ein Gebäude in neoklassizistischem Stil, mit einem dreieckigen Giebeldach und einer großen, von zwei dorischen Säulen flankierten Tür. Die Säulen wirkten vor den dunkelroten Ziegelmauern besonders weiß. Es war das Gerichtsgebäude. Eine Kanone aus Bronze bewachte den Eingang und träumte wahrscheinlich von Manassas unter den herrlichen hohen Sykomoren, deren goldene Blätter wie die Sonne leuchteten. Plötzlich hatte ich da die Heimat meiner Mutter vor Augen, die Südstaaten, und nach all den Jahren kehrte alles, was sie mir davon erzählt hatte, in meine Erinnerung zurück. Es war, als ob sich eine ganze Welt, die sie geliebt hatte, mir in einem vereinfachten Bilde und auf eine undefinierbare Art zeigte, und ich erkannte dieses Bild wieder, weil ich es mit den Augen meiner Mutter betrachtete. In wenigen Sekunden begriff ich alles, die Sezessionskriege, den Willen zu überleben und sich nicht von einem zu großen Land verschlingen zu lassen. So sehr ich mich Frankreich verbunden fühlte, so wurde ich doch gewahr, daß ein Teil von mir keinen anderen Ursprung hatte als den Boden, auf dem ich mich jetzt befand. Die Rührung, die mich ergriff, dauerte nur einen Augenblick. Es war wie eine Intuition, die mir kurz durch den Kopf ging, aber mehr brauchte ich nicht, um in meinem Inneren eine ganze Welt aufzunehmen, die ich viel später, im verzaubernden Licht der Erinnerung wiederfinden sollte.

Wir gingen bis zur Hauptstraße hinunter, von wo aus wir mit einer orangefarbenen Straßenbahn bis zu den Toren der Universität fuhren. Die Stadt mit all den kleinen ärmlichen Häusern war gewiß nicht schön, aber als wir uns der Universität näherten, verliehen die Gärten, die Bäume und die Veranden im weißen Säulenschmuck den langen Alleen einen Hauch von Vornehmheit und erzählten von einer Zeit, die ich längst vergangen glaubte. Leider versperrte eine Eisenbahnbrücke über einer der Straßen die Sicht auf diese Landschaft, der ich immerhin einigen Reiz abzugewinnen vermochte, und ein wenig weiter, hinter der ärgerlichen Brücke, zog sich eine endlose rosa Mauer vor den großen Rasenflächen hin, wo riesige Bäume mich mit ihrem in allen Farben schimmernden Laub in Erstaunen setzten. Ich wußte nämlich nicht, wie herrlich »der indianische Sommer« sein kann (denn so nennt man in Amerika die schönen warmen Herbsttage). Vom hellen Blaßgelb bis zum dunklen Purpur – dazwischen auch Karmin- und Scharlachrot – vermengten sich die grellsten Farbtöne mit den zartesten Nuancen.

Jetzt gingen wir, mein Onkel und ich, einen mit Ziegeln gepflasterten Weg entlang, der über einen sanft ansteigenden Hang zu einem groß angelegten, von weißen Pfeilern getragenen Kuppelbau führte. Von alledem sah ich nicht viel wegen des üppigen Laubs, und ich fühlte mich hin und her gerissen zwischen dem

Wunsch, mehr zu sehen, und der wachsenden Unruhe über das, was mich erwarten könnte. Wir stiegen noch ein wenig höher, dieses Mal im Schatten einer sehr außergewöhnlichen Backsteinmauer, die nicht wie alle Mauern der Welt geradeaus verlief, sondern sich dahinschlängelte, wankend, als ob sie betrunken wäre. Jetzt sah ich die hübschen Gärten voller Blumenbeete und Buchsbaumhecken, die Reihen kleiner Häuser im neugriechischen Stil, und auch die langen Rasenflächen, die sich bis ins Unendliche hinzuziehen schienen, aber ich sah keinen einzigen Menschen in dieser seltsam verführerischen Umgebung und nahm an, daß alle Studenten in den Seminarräumen waren. Noch ein paar Schritte, und wir befanden uns unter einem Torbogen am Fuße des Gebäudes, das ich vor einer Weile gesehen hatte. Herrliche Bäume verbargen zum Teil die roten Mauern. Doch man verstand auf den ersten Blick, daß der Architekt ganz einfach beabsichtigt hatte, das römische Pantheon nach Virginia zu verpflanzen, es um fünf oder sechs Meter zu erhöhen und mit Terrassen zu umgeben, auf die man über eine monumentale Treppe gelangt. Muß ich noch erwähnen, daß dieser Architekt Thomas Jefferson hieß, und daß er es war, der die Universität im Jahre 1821 gegründet hatte? Er war in einem schwer begreiflichen Maß von der klassischen Kunst angetan. Rom und Pompeji müssen ihm zu Kopf gestiegen sein, und wahrscheinlich durchwanderte er in seinen Träumen ganze Wälder von weißen Säulen, denn nie in meinem Leben habe ich so viele gesehen; dorische, ionische, korinthische, überall, auf allen Seiten ragten sie empor, und zuerst glaubte ich, einer Sinnestäuschung zum Opfer gefallen zu sein, aber das

Ganze war von einer so klaren und so meisterhaft ausgedrückten Idee getragen, daß es mir schier den Atem verschlug.

Noch einige Stufen hinauf, noch eine Galerie entlang, und plötzlich hatten wir eine der schönsten Gebäudeanlagen der Welt vor Augen. Noch heute bin ich ergriffen, wenn ich an diesen ersten Blick auf die Universität zurückdenke. Wir standen am Fuße der Treppe, einige Stufen unterhalb der breiten Säulenhalle, deren riesige Pfeiler im blaßblauen Himmel glänzten. Vor uns erstreckte sich eine mehrere hundert Meter lange und von Kolonnaden gesäumte Rasenfläche. Einige verstreut stehende Sykomorenbäume ließen ihre Schatten auf den Fassaden der rechts und links liegenden pompejanischen Villen spielen, und ganz am Ende der langen Wiese schloß ein weiteres neugriechisches Gebäude das prächtige Rechteck ab. Aber wie lassen sich solche Dinge beschreiben? Die Schönheit entschlüpft immer wieder den Worten, in die man sie fassen will.

Wiedersehen mit der Universität. Sie ist immer noch die gleiche, einladend, doch mit jenem Hauch von Herablassung, der ihr besonderen Reiz verleiht. Die großen Rasenflächen zwischen den neoklassizistischen Pavillons spiegeln ihre ruhige und völlig mit sich selbst zufriedene Seele wider. Man besucht sie, sie lächelt und reicht einem die Hand. Sollte man sich von ihr abwenden, sollte ganz Amerika sie am Fuße dieser Hügel ihrem Schicksal überlassen, so würde sie nichtsdestotrotz ihren friedlichen, mit klassischer Literatur, weißen Frontgiebeln und dunklem Laub geschmückten Traum weiterträumen. Denn wen im Norden oder Süden könnte sie beneiden? Ist sie nicht die Tochter Monsieur Jeffersons? Ich habe fast alle meine Professoren wiedergesehen. Dr. Faulkner sprach mit mir über die Negerfrage. Er sagte mir – und in diesem Punkt bin ich immer der gleichen Meinung gewesen –, daß der Schwarze nur im Norden verachtet wird. Zum Beweis hat er mir folgende Geschichte erzählt: In der Halle eines großen Hotels in Philadelphia oder Boston sitzen vier oder fünf Herren und lesen die Zeitung. Da erscheint ein schwarzer Hotelgast, setzt sich in ihre Nähe und schlägt seine Zeitung auf. Man blickt auf, und kurz darauf erheben sich die Weißen aus ihren Sesseln und verlassen nacheinander die Halle – mit Ausnahme eines einzigen, der auf den Schwarzen zutritt und ihn fragt, aus welchem Staat er sei. »Aus Virginia.« – »Ich auch«, sagt der Weiße, und sie schütteln sich die Hand.

Ich schreibe das in der alten Bibliothek der Universität, in der – wie ich mir gern vorstelle – Edgar Poe zuweilen gelesen und geträumt hat. Vor fünfzehn Jahren arbeitete ich an dem gleichen Tisch. Ich versuchte damals, Paris zu vergessen, dachte jedoch ständig an Paris, anstatt all das Glück zu genießen, das mir hier geboten war. Ich war verliebt und scheu und machte mich mit einem wahren Vergnügen unglücklich. Ist man je dümmer als in diesem Alter? Ich tat nichts, um gegen meine Trübsal anzukämpfen, ich pflegte und nährte sie sogar; sie hatte sich in der Folge in einem außergewöhnlichen Maß entwickelt und drohte schließlich, mein ganzes Leben in Besitz zu nehmen;

aber ich wurde sie dann los, als ich sie in meine Bücher fließen ließ.

Besuchte die neuen Gebäude und fand keines schön. Die alte Universität ist noch intakt, aber während sie früher von Wäldern, Wiesen und Teichen umgeben war, wie zu Jeffersons Zeiten, erstickt sie heute, liegt wie eingeschnürt in einem Gürtel großer, charakterloser Bauten. Wenn man mir auch noch so oft erzählt, wieviel Geld sie gekostet haben, so finden sie trotzdem in meinen Augen keine Gnade. Nein, den Städten und den Universitäten geht es nicht anders als den Menschen: Der Reichtum tötet etwas in ihnen, das sich nie wiederfinden oder ersetzen läßt. Jetzt, da die Universität eine der großen Hochschulen Amerikas geworden ist, mit einer Sporthalle von den Dimensionen eines Bahnhofs, Schlafsälen in Kasernengröße usw., zieht sie immer mehr junge Leute aus dem Norden an, was ich durchaus nicht beklagen will, aber ich stelle fest, daß sie fast gar nicht mehr eine Universität des Südens ist. Die Professoren kommen ein bißchen von überall ... Eine merkwürdige Tatsache: Im Jahre 1920 sah man selten ein Auto in der Nähe der Universität. Nur sehr wenige Studenten konnten sich das leisten. Heute sind die Straßen vollgestopft damit. Ach! Im Auto zu seinen Kursen fahren – das will mir einfach nicht seriös erscheinen. Man mag sagen, was man will, aber nichts vermag mich zu überzeugen, daß ein wahrer Studieneifer mit dieser Art von Luxus vereinbar ist.

Nach einer Reise durch Virginia kehre ich noch einmal zur Universität zurück. Es ist gegen Abend. Kein Student zu sehen, alles gibt sich der Einsamkeit und der Erinnerung hin. Wir sind auf der langen

Rasenfläche vor der Rotunde spazierengegangen; die hohen Bäume raunten über unseren Köpfen, die Reihen der weißen Säulen schimmerten im Dämmerlicht, und noch nie war mir die einfache Schönheit dieser Linien so wie an diesem Abend aufgefallen. Ich hätte Jahre dort verweilen können, aber ich mußte fort, weil man immer fort muß, von wo immer man ist.

Dublin

Was ich von meinem Fenster aus sehe, erinnert mich sehr an Virginia; kleine, ein- und manchmal zweistöckige Backsteinhäuser.

Wir besuchten das *Newman House* mit den großen, im Geschmack des englischen XVIII. Jahrhunderts geschmückten Alleen. Man träumt an diesem Ort, der so viele Erinnerungen an Newman* und Hopkins** birgt. Gleich daneben die Kirche im neuromanischen Stil von 1840, ein plumpes und rührendes Bauwerk mit byzantinischen Prätentionen. Unser Freund John Broderick ließ mich auf die Kanzel steigen, von der Newman gepredigt hat.

Am Abend kehren Eric und Broderick für einen Augenblick in einem *Pub* für Künstler ein; ich ziehe es vor, solange auf der Straße zu warten. Fünf Minuten später kommt ein betrunkener und fast stummer hagerer Dichter heraus und ruft gefühlserregt meinen Namen. Er ist, wie es scheint, ein sehr beachteter Dichter, und er hält sehr viel von mir. Komplimente und Umarmungen. Broderick sagt, er sei tuberkulös, trunksüchtig, katholisch und ganz am Ende. Eine typisch irische Übertreibung. Nichts von alledem ist wahr – wie ich später erfuhr – außer der Behauptung, daß er ein guter Dichter sei. Überall wird man an Joyce, an Synge, an

* John Henry Newman (1801–1890), engl. Theologe und Kardinal. (Anm. d. Ü.)

** Gerard Manley Hopkins (1844–1889), engl. Dichter. (Anm. d. Ü.)

an Synge, an Yeats und an Shaw erinnert. Man erzählt mir von De Valera, der vierundneunzig Jahre alt und blind ist. Sein Traum von einst: Jedem Iren sein Haus, seinen Garten und seine Kuh, Porridge, tägliche Messe, alles spricht gälisch, man tanzt an den Straßenkreuzungen, lebt abgesondert von der modernen industrialisierten Welt in einem keltischen Paradies. Heute verschweigt man ihm die Nachrichten, diesem Blinden!

Die Leute auf der Straße sind unbekümmert, fröhlich, liebenswürdig, witzig, stets höflich, und jeder redet mit jedem. An der Garderobe des Nationalmuseums händigt ein Wärter Eric seinen Mantel aus und beglückwünscht ihn zu dem schönen Kleidungsstück, und das alles in einem familiären und treuherzigen Ton.

Morgens an der Killiney Bay, einem der schönsten Orte der Welt, dem allerschönsten, wie Shaw sagte. Das sanfte, gleichmäßige Rauschen des Meers, die blaß graublauen Hügel, deren Farben ständig wechseln, die reine Luft. Später waren wir in den Grünanlagen des Royal Marines Hotel, wo einst die alten Priester ihren Erholungsurlaub verbrachten. Weite Wiesen im Schatten riesiger Bäume, und überall Amseln. Eine Elster fliegt an uns vorbei, und Broderick stößt einen Schrei aus: »Eine Elster, Pech und Sorgen, doch zwei Elstern, Glück für morgen. Eine Elster! Ein Unglück bedroht uns!« Er springt auf, und im gleichen Augenblick bricht die alte Bank, auf der wir sitzen, zusammen.

Broderick schreitet daher wie ein Senator, bleibt alle drei Schritte stehen, um eine Anekdote weiterzuspinnen, woraus sich ein interessantes Gespräch und zugleich ein unmöglicher Spaziergang ergibt. So werde ich mir das Trinity College angeschaut und dabei den

Eindruck gehabt haben, ein ganzes Leben lang dort geblieben zu sein.

Besuch bei Michael Mac Liàmmoir, Schriftsteller, Schauspieler und Bühnenbildner, Freund von Yeats. Er ist leidend, freut sich sehr, daß ich gekommen bin, und empfängt mich nach einem kurzen Warten in einem mit Möbeln vollgestopften Salon in einem kleinen Zimmer, das direkt auf ein Gewirr bunt durcheinanderwachsender und in der Sonne funkelnder Sträucher hinausgeht. In einer Ecke ein vergoldeter Wandschirm, ein Grammophon auf einem Stuhl. Er trägt einen weiten, dunkelroten, geblümten Seidenschlafrock, der ihn knapp verhüllt, und zitiert mir mit bebender Stimme den Text des Aufstands von 1922. Dann bittet er mich, ihm von Colette zu erzählen. Eine überwältigende Güte strahlt aus seinen kurzsichtigen Augen, und man gewinnt diesen Mann und seine großzügige Unordnung sofort lieb.

Später können Eric und ich auf einem Spaziergang über die Kais der Liffey endlich frei ausschreiten. Die klassische Kuppel des wiedererbauten Zollhauses spiegelt sich im grauen Wasser, und weiter hinten scheinen die Docks mit dem flachen Land, das nichts mehr vom Abenddämmerhimmel unterscheidet, zu verschmelzen.

Wir besuchten Saint Cuthbert, eine kleine presbyterianische Kirche aus dem vorigen Jahrhundert, und den sie umgebenden Friedhof, dessen Schönheit uns lange zurückhielt. Senkrechte Grabsteine zu Hunderten, fast alle schwarz, stehen auf einer äußerst sorgfältig gemähten Rasenfläche. Einige neigen sich ein wenig in die eine oder andere Richtung unter den hohen alten Bäumen. Es gießt in Strömen, und die Grabsteine glänzen, wirken noch dunkler. Alles das ist von einer eindringlichen Poesie, die kein Gefühl von Trauer aufkommen läßt. Es ist die Gegenwart des Friedens, eines unerschütterlichen, unantastbaren Friedens; all diese Toten, die man hier bunt durcheinander begraben hat – fast hätte ich »auf gut Glück« gesagt, aber dieses Wort kommt mir wirklich dabei in den Sinn – auf diesem Friedhof einer viktorianischen Kirche im neugotischen Stil, die mir bedeutungslos erschienen wäre, wenn nicht...

Wenn es nicht so stark geregnet hätte, daß wir uns ins Innere der Kirche flüchteten, ohne das Grab, das wir suchten, gesehen zu haben. Vom Augenblick, da die Tür sich öffnet, sind wir von der geschmackvollen Ornamentik eingenommen. Die Altardecke ist mit Blumen in zarten Farben bestickt, und im ungewissen Licht fügen die langen, blaß honiggelben Bänke diesen ehrwürdigen Mauern eine glückliche Note hinzu. Ein Herr tritt aus der Sakristei; es ist der Pastor persönlich, er zeigt und erklärt uns alles, was seine Kirche betrifft, und tut es mit einer charmanten Höflichkeit. Wo ist die

Strenge, fast würde ich sagen die Sprödigkeit des traditionellen Calvinismus? Gewiß nicht hier in diesem Gotteshaus, wie man es nennt. Nein, was wir hier finden, ist ein freundlich lächelnder Protestantismus von gutem Ton, so wie ich ihn in meiner Kindheit gekannt habe. Selbst in meinem Alter gewöhne ich mich nicht an die ungerechte Trennung der christlichen Kirche.

Aber der Regen läßt nach, und wir können wieder hinausgehen. Es ist Thomas De Quinceys* Grab, das wir zu sehen wünschen. Man muß es geduldig unter all den noch triefenden Grabsteinen suchen. Plötzlich läßt es sich erblicken, und wir verweilen einen Augenblick fasziniert von diesem Namen auf diesem dank einer Art von kleinem Schutzdach weiß gebliebenen Stein unter einem alten Baum. Der Regen muß wirklich sehr dicht gefallen sein, denn sonst kann ich mir nicht erklären, warum wir ein solches Denkmal nicht bemerkt haben. Und dahinter, hinter der Mauer des Friedhofs, der zu einem sich lang hinziehenden Garten gehört, erhebt sich ein Wiesenhang bis zum Fuße der Festung von Edinburgh.

Später finde ich in den *Bekenntnissen eines Opiumessers* folgenden Satz: »Mir gefällt die Idee nicht schlecht, daß ein Grab auf einem grünenden Friedhof inmitten antiker, einsamer Hügel für einen Philosophen eine erhabenere und friedlichere Ruhestätte sein müßte als irgendeins dieser gräßlichen Golgathas in London.« Ist es nicht ein wenig das, was Schottland ihm gegeben hat? Und ich mag noch so fest glauben, daß die aus dieser

* Thomas De Quincey (1785–1859), engl. Essayist. (Anm. d. Ü.)

Welt Geschiedenen nicht in dem für sie in die Erde gescharrten Loch sind, sondern ganz anderswo – hier fühle ich mich wie von einer gebieterischen Gegenwart zurückgehalten. Mit Worten in einer gewissen Anordnung auf einigen hundert Seiten hat dieser Mann es fertiggebracht, daß ein Besucher ein Jahrhundert später hier ergriffen stehen bleibt.

Im Residenzviertel von Edinburgh herrscht der Robert-Adam-Stil vor, und die vom schmutzigen Kohlenruß reingewaschenen Häuser sehen stattlich aus in ihrer eleganten Schlichtheit. Diese Reihen hoher Fenster zeugen von einer stolzen, selbstsicheren Zivilisation. Sehr schöne Grünanlagen mit üppig belaubten Bäumen inmitten großer Plätze, und überall eine Flut von Blumen.

Im Museum von Edinburgh spricht ein Selbstporträt Rembrandts lange zu mir. Ein Selbstporträt ist immer ein in einem Spiegel reflektiertes Bild, aber bei diesem hat man den Eindruck, als sei der Spiegel verschwunden und der Maler wirklich da. Ein goldenes Licht fällt auf dieses schmerzlich vom Unglück geprägte Gesicht, das jedoch all seine geistige Größe bewahrt hat. Das Gemälde trägt das Datum 1657, ein für ihn sehr böses Jahr. Völlig verschuldet und zahlungsunfähig sieht er, wie in drei Versteigerungen siebzig seiner Gemälde, seine Zeichnungen, seine Stiche in alle Winde verstreut werden, und dann auch noch sein Haus, sein Mobiliar und seine ganze Sammlung italienischer, französischer, deutscher und holländischer Meister. Doch das ist noch nicht genug. Viele seiner Gläubiger sind unzufrieden und wollen auch noch die Güter seines geliebten Sohns Titus an sich reißen. Einen kompletteren Ruin kann man sich nicht vorstellen, und das nach Jahren des Wohlstands und Ruhms. Aber wenn auch das Leiden in seinen Zügen zu lesen ist, so wird es von einem Edelmut des Herzens beherrscht, der dieses Gesicht zu einem der ergreifendsten macht, die die Kunst uns je gezeigt hat. Die Güte läßt die Bitterkeit verschwinden, nicht aber eine Art von Entrüstung über die Ungerechtigkeit und Habgier der Menschen.

Im *Parliament House* wölbt sich über unseren Köpfen eine finstere, mit Laternen behangene Decke wie ein Hort von Fledermäusen, ein Bild des Unterbewußtseins, das in allen Sälen vorherrscht, wo die Menschen sich versammeln, ob hier oder sonst irgendwo unter dem Himmel, um zu richten, zu unterjochen, zu befehlen, zu urteilen oder zu verurteilen, und wo für mich in einem geistigen Sinne das Blut all der Leiden fließt, die dort erzeugt wurden.

Ich fühle mich völlig unfähig, etwas Angemessenes über die riesige Steinmasse zu sagen, die der Escorial ist. In meinen Augen wird er stets ein unentzifferbares Rätsel bleiben. Neben ihm wirkt Versailles allerhöchstens wie ein aufwendiges Bauernhaus. Ich frage mich, ob der menschliche Ehrgeiz sich je zuvor mit einer so rechthaberischen Gewißheit ausgedrückt hat. Hier von Hochmut zu reden, will mir – ich weiß nicht warum – kleinlich erscheinen. Alles, was der Mensch an Stolz besitzt, hat sich in diesem ungeheuerlichen Bauwerk kundgetan – ungeheuerllich sowohl in seinen Proportionen als auch in seiner erdrückenden Majestät. Das Ganze ist von äußerster Schmucklosigkeit und zeugt von einer königlichen Verachtung für eine Verzierungskunst, von der Fürsten geringeren Kalibers ausgiebig Gebrauch gemacht hätten. Aber wo ist man hier eigentlich? In einem Palast, einem Gefängnis oder einem Kloster? Welches seltsame Wesen hat sich für die weißen Mauern und die gleich Tunneln langen Galerien entschlossen, und um was dort unterzubringen? Seine Seele und sein Schicksal...

Nach einem langen Marsch gelangt man in einen riesigen, übermäßig langen Saal, in dessen Mitte ein bescheidener Stuhl steht, den man für einen vergoldeten Klappschemel halten könnte; und das ist der Thron des Königs. Hier erfuhr ich, daß Johannes Paul II. zum Papst gewählt worden ist. Das Schlafzimmer ist klein, die Bettvorhänge jedoch prunkvoll und schwer. Gemälde in einem Nebenzimmer, aber Gemälde gibt es hier zu Hunderten, denn dieser geheimnisvolle, von Religion besessene König ist ein fanatischer Bildersammler. Kopien ersetzen einige Originale, die er sich – König hin oder her – nicht beschaffen konnte. Sein Geschmack zeugt von einem seltenen Eklektizismus: Greco, Bosch, Van der Weyden. Diese drei lassen in meinen Augen alles andere verblassen. Zufluchtsstätte des Glaubens im unermeßlichen Hause, wo ein die Metaphysik mit der Machtleidenschaft vereinender großer Traum umgeht.

Die ganze Stadt San Lorenzo de El Escorial ist um und für diesen Palast gebaut, den eine Esplanade aus nacktem Stein, ohne andere Zierde als eine kleine niedrige Mauer, von den Sterblichen trennt.

Zum Mittagessen begeben wir uns in ein Gasthaus mit einem überdachten dreistöckigen Patio, um den eine riesige Treppe zu den Etagen und Speisesälen mit den rotweiß kariert gedeckten Tischen führt. Die dikken, weißen, mit Kalk gestrichenen Wände gemahnen unwiderstehlich an einen Schelmenroman, und man erwartet jeden Augenblick, Gil Blas hereinstürmen und seinen Federhut auf einen Stuhl schleudern zu sehen.

In der Bibliothek des Escorial sah ich das Manuskript des *Camino del perfecciòn* der heiligen Theresa von Avila. Eine schöne Schrift, aber fast unleserlich, denn da die Heilige mit ihrem Heft auf den Knien schrieb, bewegte es sich manchmal hin und her und brachte die Zeilen ins Schwanken, aber wie ergreifend erscheinen mir diese Kritzeleien! Man zeigte mir auch ein – wie man mir versicherte – vom heiligen Augustinus persönlich kalligraphiertes Pergament. Ich betrachtete diese Dinge wie in einem Traum, aber habe ich nicht alles wie in einem Traum betrachtet, seit ich auf der Welt bin?

Wäre es nicht sträflich, wenn ich zu sagen vergäße, daß wir noch in einem Garten spazierengingen, insbesondere in dem des Königs mit seinen Buchsbaumlabyrinthen, und vor allem, daß wir zu den Toten hinabgestiegen sind?

Wir gehen eine Treppe hinunter, man öffnet uns eine Tür aus toledanischem Marmor, und eine neue Treppe lädt uns ein, noch tiefer zu steigen. Zuerst kommen wir in den sogenannten Verwesungsort, einen Raum, wo man die Leichen in Gipsnischen packte und trocknen ließ, bis man sie in ihre endgültige Grabstätte legte. Hier war der Tod keine einfache Sache. Schmutzigweiße Wände im grellen Licht einer Glühbirne, und hier hat Saint-Simon das Kalkloch gesehen, in dem man Don Carlos, dem unter den Königen kein Platz bestimmt war, verscharrt hatte.

Das Pantheon der Könige ist eine Kiste aus Jaspis und Porphyr, in der die schwarzen Marmorsärge nicht weniger unheimlich erscheinen. Die anderen Pantheons, das der Kinder und das der Königinnen, sehen wie Ausstellungsgalerien aus; weißer Marmor in einem weißlichen und kalten Kellerlicht. Da waren die Träume Philipps II. von anderer Art!

Falun

Falun ist ein großes Loch in der Erde. Schon gegen 850 hat man begonnen, es auszubuddeln, und was findet man da? Schwefelkies, Eisen, Kupfer, vielleicht auch Gold. Wir kaufen Eintrittskarten in einer Kabine, und man gibt uns je einen roten Helm und einen gelben Schutzmantel. So verkleidet fahren wir in einem Aufzug einige dutzend Meter in die Tiefe. Und hier beginnt die fremdartige Vision. Wir durchschreiten Galerien, dürfen nie unseren Führer aus den Augen lassen – in diesem Fall eine bezaubernde flachsblonde junge Dame –, weil es hier gefährliche Irrgänge gibt, und plötzlich stehen wir in einer Zyklopenhöhle, deren Gewölbe sich im Dunkel verlieren. Die Felsenwände sind rot oder schwarz, aber die Grotte, in der wir uns befinden, läßt sich mit den folgenden in nichts vergleichen. Der Gedanke an das Vergilsche Inferno drängt sich auf. Man fragt sich, was wohl geschehen würde, wenn man sich hier verlöre. Früher ließen sich die Männer in einem Brunnenschacht, durch den Licht dringt, bis in die gewünschte Tiefe hinab, die Füße auf den Rand eines an einem Rindslederriemen hängenden Eimers gestützt. Die Eimer waren nicht sehr groß, die Männer sieben an der Zahl.

Wenn alles schweigt, ist die Stille erdrückend – in einem Maße, wie man es dort oben nicht kennt. Und doch ist sie nicht vollkommen. Das Tröpfeln eines Rinnsals irgendwo in der Tiefe eines Abgrunds wird bald vernehmbar, es ist nicht viel, aber es hilft, wie unsere Führerin erklärt, die Stille erträglich zu machen.

Haben sich hier Unfälle oder Tragödien abgespielt? Gewiß. Männer sind in bodenlose Abgründe gestürzt. Die Höhlen schichten sich gemäß einer Unordnung übereinander, die alle Bergleute bestens kennen. Um das Durchbrechen der Felsenwände zu erleichtern, hat man zu allen Zeiten glühende Baumstämme benutzt. Manchmal bricht ein Brand aus. Einer hat nicht weniger als zwanzig Jahre gedauert.

Falun ist der Schatz Schwedens. Hier wird der Bergbau seit zehn Jahrhunderten betrieben, und das Ende ist immer noch nicht abzusehen. Während der Auffahrt erzählt uns Eric von den Steinsalzbergwerken in Wielicza in Polen, wo die Arbeiter eine Kathedrale in das Salz gemeißelt haben. Die Wände sind durchsichtig, und der Altar sieht wie aus Alabaster aus. Aber auch die kleine Stadt Falun scheint nicht zu ahnen, was sich unter ihr verbirgt. Und mir ist es eine Freude, die Sonne wiederzusehen.

Hinter diesem sanftmütig weiblichen Namen verbirgt sich die Seele eines Kondottiere. Das erklärt jenes undefinierbare Etwas, das man erst nach längerer Zeit wahrnimmt, eine Art von Hochmut vielleicht. Aber ich bin zu oft hier gewesen, um mich einschüchtern zu lassen, ob unter dem Himmel meiner Jugend oder dem nicht weniger schönen von heute.

Bei jedem Besuch hinterläßt der Reisende ein Gespenst seiner selbst, das er beim nächsten Mal wiederfindet, und es ist ein treuer Gefährte mit einem unerbittlichen Gedächtnis. So findet er sich selbst wohl wieder, nicht aber die Stadt. Der Arno mag noch so pedantisch beflissen zwischen seinen Ufern dahinströmen, die Stadt von gestern ist verschwunden. Verwandelt? Nein, nur verändert. Er gibt sich angenehmen Träumen hin. Das ergibt eine Menge Gespenster von Reisenden, die in Gespensterstädten herumspazieren. Doch schauen wir uns Florenz ganz einfach an, denn es ist eine der schönsten Städte auf dieser Erde, und auch eine der unsanftesten.

Da ich mich nur auf meinen Instinkt verlasse, sind mir die Führer unausstehlich. Ich ertrage es nicht, wenn man mir sagt: »Hier müssen Sie stehenbleiben, das dort müssen Sie bewundern!« Ich will mir alle Freuden der Überraschung bewahren, auf eigene Faust meinen Duomo, mein Baptisterium, meinen Palazzo Pitti entdecken. Eine betreßte Mütze und ein Schlüsselbund genügen, um mich in die Flucht zu schlagen. Eine vielsprachige Besuchermenge vor einem Eingang... oh Schreck, da verschwinde ich.

Zu welcher Jahreszeit mir Florenz geschenkt sein mag, die ersten Stunden sind immer für San Marco. Die große Zeder inmitten des Klosterhofs verbreitet ihren Frieden und die Stille ihres Schattens über die rosa Dächer. In den kleinen leeren Zellen im ersten Stock hat Fra Angelico für seine Brüder die Szenen gemalt, die, je nach dem Temperament, die Herzen am besten zu begeistern oder zu besänftigen vermochten. Man macht einen Rundgang durch diese engen Zimmer, in denen der Körper kaum Platz zur Bewegung hatte, und da öffnet sich die Wand, um die Unendlichkeit einzulassen. »Öffnet die Mauer dem Unendlichen, vergeßt die Abscheulichkeiten des Refektoriums, die Suppen, das Elend, die Stunden des Zweifels, den Ruf der Welt, das Grauen vor dem Gemeinschaftsleben ... vergeßt eure mechanischen Andachtsübungen und schaut!« Das sagt Fra Angelico. Was er gesehen hat, schenkt er euch; den gleich einer rot und goldenen Blüte strahlenden Engel der Verkündigung, den leidenden Christus, auf dessen Darstellung die Symbole (die schlagende Hand, der speiende Mund, der die Dornenkrone auf die Stirn drückende Stock) eine Art von Reigen des Unsichtbaren auf dem grünen Hintergrund bilden, während Christus mit seiner weißen Binde über den Augen der einzig *wahre* Lebende bleibt. Von Zelle zu Zelle begleiten uns die Bilder. Hier ist der Garten des *Noli me tangere* mit seiner englischen Pforte unter einem Himmel vom zartesten Blau der Welt, der Quintessenz des mystischen Azurs ...

Noch schmuckloser als die anderen ist die Zelle des Priors mit ihrem engen Vorraum, wo das Porträt Savonarolas uns erwartet. Das Profil eines Kondottiere vom Typ Gattamelatas und tragische Augen, große, versonnene und dunkelbraune Augen wie die Spinozas, aber in denen sich die Vision der Scheiterhaufen zu spiegeln scheint, in deren Flammen er selbst einmal verbrennen wird. Der ganze hölzerne Raum hat die Resonanz einer Geige, und auf einem dunklen Tischchen liegen Bücher mit winziger Schrift, und das nicht, um ihr Wissen dem Gemeinen zu verbergen, sondern ganz einfach nur, weil man damals gute Augen hatte...

Unten, im Refektorium, sind wir wieder auf der Erde gelandet. Der große Schinken von Ghirlandaio, ein Abendmahl wie aus einem Film, protzt mit technischem Können, aber die riesige bemalte Fläche läßt jene *Gegenwart* vermissen, die uns auf der geringsten Freske Fra Angelicos zart entgegenleuchtet, und in so frischen Farben, daß man meinen könnte, der Mönch sei gerade eben hinausgegangen, um seine Pinsel zu spülen.

Von dort zur Akademie gehen, ist fast eine Zumutung. Ich habe nie verstanden, warum dieser David eine solche Bewunderung erregt. Er ist ziemlich häßlich mit seinem dicken Kopf, seinen Affenarmen, und die Hände mit den hervorstehenden Adern sehen wie die eines Schlächters in den besten Jahren aus, während Jünglinge doch schöne Hände haben sollten. Das ist ein Museum, in dem ich immer gleich Lust verspüre, den Ausgang zu suchen.

Ich bemerke, daß die Domfassade vom Ende des XIX. Jahrhunderts sich hinter Gerüsten verbirgt. Recht hat sie. Ganz in der Nähe, fast zu ihren Füßen, ein achteckiges Gebäude, das Baptisterium. Hier schlägt das Herz von Florenz deutlicher als anderswo. Ich trete ein, und zuerst sehe ich fast nichts, verspüre jedoch den Frieden der romanischen Kirchen, den der Dorfkirchen, ihrer Schwestern des großen Jahrhunderts, das für mich das XII. ist. Erhabene Verklärtheit, ein ruhiger, ein wenig plump massiver Glauben. Alles das atme ich, während ich mich im Halbdunkel vortaste, und als ich dann aufblicke, sehe ich einen nächtlichen Himmel, das in byzantinischem Mosaik gestirnte Kuppelgewölbe, auf dem Christus in dunkelrotem Gewand inmitten der erschreckenden Pracht des Jüngsten Gerichts thront. Für diesen kurzen Augenblick der Weltenthobenheit, den Florenz mir da geschenkt hat, bin ich bereit, auf alles andere zu verzichten, auch wenn ich die Stadt verlassen müßte, ohne ihre Paläste und Gärten gesehen zu haben.

Auf Umwegen – aber ist Florenz nicht eine Stadt, in der man keine Lust verspürt, geradeaus zu gehen, weil uns überall einer jener stolzen, aus dicken Quadersteinen erbauten Paläste auflauert und in seinen Bann zieht – und nach vielen Straßen, die wie gefärbt aussehen, gelange ich auf einen Platz, und was sehe ich da? Schon wieder David, der hier auf der Piazza della Signoria wie eine Touristenbesessenheit mit den Gliedern und dem riesigen Kopf des kleinen Bruders Goliaths emporragt. Wahrscheinlich hatte es dem Modell an Anmut gefehlt, obgleich Michelangelo erwiesenermaßen ein Bewunderer der männlichen Schönheit war, denn man braucht sich nur seine Sklaven anzuschauen und die jungen Kolosse, die er so schwungvoll an die Decke der Sixtinischen Kapelle gemalt hat. Und falls er in ihm die Idee der florentinischen Freiheit darstellen wollte, ist seine Wahl auf eine nicht gerade begeisternde Freiheit gefallen, während dagegen der junge und wahre David von Donatello alle Freiheitsideen mit sich reißt.

Für meinen Geschmack könnte man auch die meisten anderen Statuen, die den Platz schmücken, ruhig vergessen, aber der in seiner Anmut und Jugend einfach herrliche Perseus von Cellini in der Loggia dei Lanzi verdiente es, ganz allein diesen strengen Raum zu bevölkern. Vor dem strahlenden Perseus verblaßt das ganze Gerümpel der bärtigen und behelmten Männer, die Frauenleiber davontragen oder sich mit sterbenden Kriegern schleppen und dabei mehr gekünstelt als künstlerisch wirken. Ob Kopien der Antike oder Originale von Giovanni da Bologna, nichts entschuldigt ihre Herkömmlichkeit. Man mag mich schwierig finden. Jawohl, für Florenz bin ich es. Hier, wo es die schönsten Dinge gibt, möchte ich wirklich nur das Schönste sehen. Die Italiener mit ihrem natürlichen Gefühl für die Schönheit des Raums und der freien Leere sollten diese Scheußlichkeiten in die Rumpelkammer verweisen oder sie anderen Völkern überlassen. Der Palazzo della Signoria mit seinen schwalbenschwanzförmigen Zinnen und seinem ehrfurchtgebietenden Turm braucht diese kleinen, zu seinen Füßen erstarrten Albernheiten nicht, der Platz wäre ohne Zierde noch viel schöner, mit nur der auf dem Pflaster bezeichneten Stelle, wo Savonarola verbrannt wurde, und die ich, wie viele Engländer, jedesmal mit einem Veilchenstrauß schmücke. Florenz, das jahrelang in der Maßlosigkeit religiöser Begeisterung gelebt hat, bringt uns in unser Jahrhundert und die Exzesse der Fanatiker aller Schattierungen zurück, und ich denke an Botticelli, der auf die Schönheit seiner Engel verzichtete, um nicht mehr den Versuchungen ihrer verwirrenden Reize ausgesetzt zu sein; welche immer noch aktuellen Befürchtungen und Reuegefühle hatten ihn dazu veranlaßt? Die Predigt des Dominikaners hatte ihre Früchte im Herzen dieses unvergleichlichen Italieners getragen, dessen Modelle man noch heute auf den Straßen sieht, denn der Botticelli-Typ trägt immer noch seine stolze Melancholie und seine schönen traurigen Augen in einem Gesicht ohne Schatten und Falten zur Schau, und man begegnet ihm selbst in den Gassen von Oxford. In der fanatisierten Jugend, die Savonarola folgte, brannte eine flammende Begierde – eine die Begierde verbrennende Flamme –, und wahrscheinlich wird es zu allen Zeiten und unter allen Himmeln die gleichen Begeisterungen in diesem sogenannten *zarten* Alter geben. Ich habe es am eigenen Leibe erlebt.

Aber fast am Fuße des Palastes bringt mir die Inschrift, hier sei Savonarola mit seinen beiden Gefährten zu Asche verbrannt, die Szenen der Geschichte in Erinnerung zurück (Berichtfragmente, Zeichnungen leben vor mir auf): so den Angriff der *Arrabiati* (der Wütenden), die San Marco plünderten; den in seiner Bibliothek überfallenen Prior; den Pöbel, der sich roh an diesem außergewöhnlichen Menschen in einer Stätte des Studiums und der Ruhe vergriff, ihn dann in die Signoria schleppte, im Alberghettino einkerkerte, diesem ironisch die *kleine Herberge* genannten Gefängnis, wo die Verurteilten gefoltert wurden, während droben die große Turmglocke läutete und die Späher über Florenz wachten, bevor man sie von der Terrasse auf halber Fassadenhöhe über die hölzernen Gänge bis auf den Platz inmitten der bunten Menge hinabführte, wo am 23. Mai 1498 die drei dunklen Flammenblüten auf dem Scheiterhaufen zu Asche verbrannten.

Junge Leute schlafen auf den Stufen der Loggia, den Hut über die Nase gedrückt, in Jeans, wie in einem italienischen Wildwestfilm – diesen amüsanten Spaghetti-Western –, und wie immer scheinen die Italiener gerade auf dem für sie bestimmten Platz zu sein. Ich habe schon oft diese malerische, anmutsvolle Unordnung bewundert. In den Hotelhallen, in einem Park, auf der Terrasse eines Cafés, überall erkennt man die Italiener an ihrer Art, ganz *natürliche* Posen einzunehmen, als ob das Auge eines imaginären Malers sie so über den Raum verteilt hätte. Auch die italienischen Stimmen besitzen den besonderen Charme, die Straßen bei Tagesende zum Singen zu bringen und – leider – auch die ganze Nacht hindurch. All das habe ich überall bemerkt, sowohl in Como, in Bologna, als auch im Süden oder in Siena, außer vielleicht in Florenz, wo eine Art von stolzer Zurückhaltung herrscht. Hier hat selbst das Lachen einen eher kriegerischen Klang, die Sprache ist gewiß reiner, aber die Lieblichkeit ist grob behandelt worden und hütet sich, in Erscheinung zu treten. Man stammt schließlich von Kaufleuten ab, und da haben die Worte ihren Wert! Und doch, wo findet man mehr Traum als bei den Künstlern, die hierher gekommen sind, die hier geboren wurden und die hier bis an die äußersten Grenzen menschlichen Schaffens gelangt sind? Maler, Architekten, Bildhauer, Dichter, Florenz hat eine Fülle von Genies hervorgebracht. Sie einzeln aufzuzählen, hieße, eine ganze Kunstgeschichte schreiben, aber über ihnen allen schwebt der Königsadler der

Poesie, Dante, den ich mir oft und ebenso häufig wie Shakespeare zitiere. Dieser Sohn, den die Stadt verjagte und der im Exil, bei fremden Menschen in Ravenna starb, hat sie mit dem schönsten Lorbeerkranz geschmückt und einem ebenso unvergänglichen wie dem ihrer Türme.

Das Arbeitszimmer des Francesco de Medici im Palast ist nur ein Tempel des Manierimus und gehört zur Stadtkulisse; man bewahrt einen Eindruck von hübscher Anmut und geht zum Mittagessen auf die andere Seite des Platzes. Doch ach, die Jahre verändern alles. Was ist vom *Cavallino* geblieben? Neue Säle vergrößern jetzt das alte, intime *Cavallino*, dessen Wände von oben bis unten mit farbenfrohen Kitschgemälden und einigen guten Zeichnungen behangen sind. Man hatte alle Mühe, sich am Eingang zwischen dem mit Obst und dem mit Schinken vollbeladenen Tisch durchzuzwängen, wie im *Dodeci Apostoli* in Verona, und wie in Verona ist das alles nur noch Erinnerung.

Die gleiche Enttäuschung bei *Doney*, dessen rote Plüschsessel verschwunden und modernen Sitzgelegenheiten gewichen sind, womit sich irgendwie auch der Geschmack der Kuchen und des Gebäcks verändert hat, denn wenn auch die Formen und Farben der Kuchen verkünden, was man in ihrem Inneren finden wird, wenn auch eine der Freuden des Geschmacks in der Betrachtung ihrer äußeren Erscheinung liegt, so muß man dem die räumliche Ausstattung hinzufügen. Doneys Feingebäck war berühmt: Ruskin, Pater, D. H. Lawrence, wahrscheinlich auch Landor, Henry James und viele andere kamen hierher, um im wohligen

Halbdunkel des vergangenen Jahrhunderts zu träumen; man betrat ein Schatzkästchen, dessen Juwelen eßbar waren, und auf einmal macht sich Doney banal. Man schiebt den Gästen Kuchenwagen zu wie in irgendeiner Harry's Bar. Auf gewisse Erinnerungen sollte man sich nie verlassen.

Wenn Sie auf die Via Tornabuoni hinaustreten, können Sie in jede beliebige Richtung gehen und werden Paläste finden, die Ihre Neugier erregen, und der nächstliegende, diamantenförmige Palazzo Strozzi ist ein massives, strenges, aggressiv stolzes Gebäude, florentinisch bis zur letzten Stufe seiner Treppe und zu seinem römischen Kranzgesims. Die Laternen haben Krallen. Man muß in den engen Straßen sehr aufpassen, denn die Wagen schlängeln sich in Hautnähe mit der Behendigkeit von Fischen an einem vorbei, aber es ist auch eine der italienischen Tugenden, gut und gefährlich zu fahren.

Nach der Überschwemmung von 1966 durchlebte die Stadt ein Jahr der Erstarrung. Man reparierte. Die Handwerkerinnungen – jede Zunft hat ihr Wappen und ist ebenso stolz darauf wie Siena auf seine *Contrade* – fanden die Geschäftigkeit vergangener Zeiten wieder, als man ausschließlich für die Stadt arbeitete. Florenz bewahrte ein schwarzes Aussehen, trotz der sonnigen Frühlingsnachmittage; etwas wie eine finstere Entschlossenheit stieg aus den Mauern auf, und die winzigsten weißen Wolkenfetzen hängten sich an den kleinsten Türmen fest wie einst die kriegerischen Banner zur Zeit der Eroberung. Und so wurde die Schönheit wiedererobert, die der gelbe und schwarze Flußschlamm zu rauben versucht hatte.

Es war an einem dieser Tage, als ich nach Carmine, in das Florenz des anderen Ufers zurückkehrte und im Abenddämmerschein durch die kleinen Straßen schlenderte, wo die Ladenschaufenster mit Glaswaren, Damastwäsche, Schuhen und Lederwaren, Holzschnitzereien in einem etwas gelblichen elektrischen Licht erstrahlen. Auf der Brücke der Santa Trinità ließ das Licht der untergehenden Sonne den Arno wie einen Lavastrom erglühen, und die Statuen an beiden Enden der Brücke schimmerten wie dunkelorange Indienne. Die Brancacci Kapelle in Santa Maria delle Carmine ist mit Fresken bedeckt, man befindet sich im Inneren einer dekorierten Schachtel, aber von da an hört jeder Vergleich auf, denn hier gibt es nicht das geringste Fleckchen, das das Auge vergessen könnte. Masaccio und Masolino haben alle Deckengemälde der Paläste und Kirchen mit recht gekünstelten Apotheosen und Gloriendarstellungen ausgeschmückt, und selbst auf den Wänden der Medici-Kapelle* wirkt Gozzolis florentinische Reiterparade der Heiligen Drei Könige wie eine Kostümschau. Aber hier erleben wir einen Augenblick, da die Malerei ihre Wahrheit herausschreit und nicht mehr ans Gefallen denkt. Sie macht einen Sprung in die Zukunft. Die Farbe ist ihr eigenes Helldunkel, und in allen Registern, Körpermodellierungen, in der Anordnung der Figuren, ihrer dramatischen Intensität, der Vereinfachung der Perspektiven, der Echtheit räumlicher Darstellung und empfundener Emotion trotzt die Souveränität Masaccios allen Gesetzen der

* Gemeint ist die Hauskapelle im Palazzo Medici-Riccardi. (Anm. d. Ü.)

Epoche und beweist einmal mehr, daß das Genie sich von vorneherein über alle Regeln hinwegsetzt. Draußen im nächtlichen Licht beginnt Florenz dem zu ähneln, was wir soeben gesehen haben, aber schließlich ahmt hier die Kunst die Kunst nach.

Wenn ich eine Stadt sehe, denke ich immer an das Innere jener Gräber, in denen man die Reichtümer und Schätze der toten Ägypter, Etrusker, Westgoten oder Atriden anhäufte, wo die habgierigen Geister das gleißende Gold bewachten und alles, was ihre Zähne nicht mehr zu kauen vermochten. Besonders Florenz ist wie eins dieser Gräber, wenn man an all die Paläste denkt, in denen Schätze aufgespeichert sind. Die Decken und der Stuck, die dunklen und vergoldeten Ballsäle, in denen mehrere Welten getanzt haben, in denen Morde aus Liebesleidenschaft begangen und politische Intrigen gesponnen worden sind; oder im Gegensatz dazu die mit Kunstwerken vollgestopften Galerien, die einmal in Mode waren und denen der feuchte Atem der Zeit allen Glanz beschlagen und genommen hat, die aber für mich die größte Konzentration vergangener Träume und versunkener Leidenschaften sind. Daher die besondere Atmosphäre von Florenz, wo die Gespenster vor unseren Augen bei hellem Sonnenlicht umgehen. Wie an diesem Sonntagvormittag, als wir auf dem verödeten Kai am Arno entlangschlenderten; Spätsommerhelle, kein Laut, kein Lufthauch, die von der Sonne angestrahlten Fassaden wie im Rampenlicht, und alles ist erdrückt von der Schwere des Lichts, man wandert in einer Stadt ohne Schatten und fühlt sich unbehaglich. Wir treten in ein menschenleeres Restaurant, es ist kaum zwölf Uhr Mittags, und die gedeckten Tische sehen wie Personen aus, die man beim Ankleiden überrascht. Niemand wird uns beim Essen stören. Es gibt *Bistecca alla fiorentina*, unvergleichlich schmackhaftes, mit Zitronensaft übergossenes Fleisch und gegrillte Pilze, die wie der Wald auf unserem Teller duften. Kaum kündigt sich der Nachmittag an, da sind wir schon wieder draußen; es ist noch zu früh für die Uffizien, wo man uns dieses Mal den Korridor von Vasari öffnen wird. Florenz ist immer noch wie ausgestorben. Die Ladenwerkstatt eines Marmorschneiders am Kai ist offen, und wir treten ein. Und jetzt beginnt ein seltsamer Rundgang; der Laden ist ein riesiger Raum, den nur der Marmor erleuchtet, und wir sehen große Becken, Säulen, Kopien von Statuen in allen Größen, ganz hinten die größten, die die anderen um einiges überragen, sich beunruhigend in die Höhe recken und das unnatürliche, fast krankhafte Licht des transparenten Marmors verbreiten; zu mehreren Malen drehe ich mich unwillkürlich um, als glaubte ich, sie hätten sich bewegt. Hier kann ich mir Hawthorne vorstellen, der ja einige Monate in Florenz verbrachte, oder Shelley, der immer auf köstliche Empfindungen – im Sinne köstlichen Schmerzes – erpicht war. Der Händler sitzt an einem eingelegten Marmortisch und liest, scheinbar ohne von uns Notiz zu nehmen, eine Sportzeitung. Aber die Seiten bewegen sich nicht. Sollten auch sie aus Marmor sein?

Im endlosen Korridor von Vasari, der am Arno entlangläuft, blickt uns die ganze Malerei in einem durch kleine Gitterfenster dringenden Gegenlicht an. Hier sind es nicht, wie in der National Gallery in London, die berühmten Gesichter der Nation, sondern es ist die Internationale der Kunst, Selbstporträts, von denen einige ganz unerwartet wirken. Aber bei den Malern ist ein deutlicher Liebeswunsch spürbar, der sich zuallererst dem primären Narzißmus zuwendet, der Freude, den Unbekannten im Spiegel, im Spiegel ihrer selbst, zu beschreiben. Im Vorbeigehen mustern ganz gewaltig gegenwärtige Blicke die flüchtigen Sterblichen, die wir für diese Schatten der Ewigkeit sind. Die schief auf dem Kopf sitzende Mütze Honthorsts, die runde Kappe und der bestürzte Blick Lorenzo Lippis, die irren Augen Furinis, die etwas verdächtige Eleganz Liotards, des »Baciccia«* mit seinem Türkenhut, die schwarzen Samtbaretts Reynolds', Rembrandts und Rubens' – heute sind mir gerade diese Einzelheiten aufgefallen, denn es gibt zu viel zu sehen, und man hat den Eindruck, vor all diesen aufmerksamen Gesichtern ein Examen zu absolvieren, die Aufnahmeprüfung für das Jenseits. Und während wir in diesem nicht endenwollenden Korridor über den Häusern des Ponte Vecchio umhergehen, denke ich wieder an eins der ergreifendsten Gesichter zurück, an Crespi mit seinem weißlichen Kopftuch, der mit zusammengepreßten Lippen und Seheraugen auf unsere Welt herunterblickt. Von den Fenstern in der Mitte der Brücke haben wir plötzlich eine weitere Sicht. Die Wasser des Flusses spiegeln die beiden Ufer auf so genaue, jedoch leicht dunklere Art wider, daß man meinen könnte, die umgekehrten Paläste und Häuser gehörten zu einer Stadt der Unterwelt, aus der sogleich die Zeitgenossen

* Giovanni Battista Gaulli, gen. Baciccia (1639–1709), ital. Maler. (Anm. d. Ü.)

Dantes hervortreten werden. Der Korridor scheint endlos, doch schließlich öffnet man uns die Türen, und wir sind drüben, auf der anderen Seite, im Florenz des Palazzo Pitti.

In den Gärten von Boboli; endlose Hecken aus grünem Licht, die Sonnenstrahlen tropfen hie und da durch das Laub, wo sie eindringen können. Es herrscht ein übermütiges Durcheinander, als habe jemand versäumt, all diese der Natur überlassenen Festfragmente zu einem Ganzen zusammenzufügen, aber gerade das liebe ich: Wenn ich plötzlich auf der Höhe einer Unkrautwiese ein Marmorpferd sich aufbäumen sehe, und moosbewachsene Statuen, denen man unversehens in einer stillen Ecke begegnet, wie Zigeunerinnen, die sich anbieten, uns die Zukunft aus der Hand zu lesen. Und es geht in allen Richtungen bergauf, bis man plötzlich oberhalb eines Zauns, der die gewöhnlichen Sterblichen vom Palazzo Pitti trennt – denn dieser wird gerade repariert –, die gebrannt orangefarbene Kuppel des Doms und die ganze Silhouette der Stadt erblickt, deren pastellfarbene Töne sich vom dunstigen Hintergrund der Hügel von Fiesole abheben. Die Schönheit bietet sich wie eine unverhoffte Belohnung an, die man nach allem, was man sich anschauen mußte, verdient hätte, aber einmal mehr fühle ich die Strenge dieser Stadt. Im Augenblick, da solche Gedanken in mir aufsteigen, läßt sich ein fröhlicher Tumult vernehmen. Eine ganze Schar Kinder tollt um uns herum, und die Gärten leben mit den unter den Bäumen Versteck spielenden Schreien auf.

Schon manches Mal habe ich, wenn ich aus dem Süden kam, in Florenz nur ganz kurz Halt gemacht oder mir gesagt, man könne doch schließlich nicht einfach hereinschauen, denn das sei fast eine Entweihung, aber meine Begleiter, mein Sohn oder Freunde, sagen dann: »Halten wir in Florenz zum Mittagessen« oder »Bleiben wir zum Abendessen und übernachten in Fiesole . . . « Jedesmal habe ich den Eindruck, nicht eine Stadt zu betreten, sondern den Boden der Geschichte, unserer Geschichte. Der Vorname Giuliano de Medici ist wie eine Verbindung zu mir, und ich wünsche mir insgeheim, daß der Wagen einer Revision bedarf, daß sich irgend etwas Unvorhergesehenes – natürlich im erfreulichen Sinne – ereignet, und daß Florenz mir für einige Tage gelassen wird.

Manchmal sind Titel doch zu etwas gut. So öffnet man mir die Villa Berenson, ohne recht zu wissen, wer ich bin, aber ich gehöre der »Amerikanischen Akademie« an, was hier ein Sesam-öffne-dich ist, weil der alte Historiker seinen Besitz der Universität von Harvard hinterlassen hat. Die Tür öffnet sich elektronisch, und das Haus steht unter polizeilicher Bewachung. Vor Jahren hatte Berenson mich zu sich eingeladen, aber ich war nicht dazu gekommen, hatte es immer wieder aufgeschoben. Ihm verdanke ich, vieles über die Malerei gelernt zu haben, zu erkennen, was groß ist und was nicht, und was nur den Anschein hat, wie z. B. Ghirlandaio. Fast alle Wände des Hauses sind mit den kostbarsten Gemälden behangen, den Frühmeistern von Siena und einigen Florentinern. Was hier vorherrscht und mich schon vor Jahren bezaubert hat, ist das Paradies des Quattrocento. Ich sah einige Sassettas. In einem kleinen Raum hängt der *Heilige Franziskus von Assisi*. Ich hatte ihn noch nie gesehen, nicht einmal in einer Kopie. Die Predella allein würde einem Museum alle Ehre machen. Wunderbare Möbel aus der Frührenaissance, bis in die Gänge. In der Bibliothek entdeckt Eric ein mit Anmerkungen versehenes Exemplar meiner *Tagebücher* und einige meiner Romane. Damit steige ich sofort in der Achtung der uns begleitenden Person. In einem riesigen Salon stößt man plötzlich auf ziemlich scheußliche Fresken der Jahrhundertwende, die überhaupt nicht zum Rest des Hauses passen. Berenson hatte sie übertünchen lassen, aber sie wurden wieder freigelegt. In den Gärten plätschert leise eine herrliche Steinfontäne und scheint die Landschaft mit ihrer zarten Musik zu begleiten. Als ich nach Florenz zurückkehre, wirft das Licht der untergehenden Sonne einen roten Trennstrich auf den oberen Teil der Häuser, der sich langsam auflöst, und allmählich steigen in der Dämmeratmosphäre die italienischen Stimmen in einem von Leben erfüllten Gesang empor. In Florenz leeren sich die Straßen nicht zur Abendessenszeit, und man trifft draußen immer noch Gruppen von Menschen an. Aus den Kellerfenstern dringt die Musik eines Nachtlokals heraus, wie eine Person, die ein bißchen Luft schnappen will. Junge Leute vergnügen sich, und ein Nachtleben beginnt, das, wie man mir sagt, zu den ausgelassensten Italiens zählt. Aber gaben die Medicis nicht auch unvergleichliche Feste? Und ist es nicht die Kehrseite der kühl herablassenden Haltung, die man bei hellem Tage sieht? Könnte es nicht auch wie in jedem Leben die panische Angst sein, daß das Licht nicht mehr wiederkäme?

So setzt man der Nacht alle Dynamik der physischen Freuden entgegen, und was für den Menschen gilt, gilt auch für die Stadt. Die Vergangenheit bemüht sich mit ihrem ganzen Gewicht, uns wie eine Sirene in ihren Fluß zu ziehen, aber die Strömung der Zukunft ist stärker.

Fort William

In Fort William, einer sehr geschäftigen kleinen Stadt, treten wir in einen alten Krämerladen. Er erinnert mich an die bezaubernden Dorfkrämerläden in Amerika, aber mehr noch an den von dem ehrwürdigen Schaf geführten Laden in Lewis Carrolls *Alice hinter den Spiegeln*, denn ein ganzer Teil des Raums besteht aus Reihen von Bonbonschachteln und Gläsern, vor allem mit *Toffee*, dieser Sahnenkaramelle, die die beliebteste Leckerei des Landes ist. »Das würde ich nicht einmal für Toffee tun«, hört man hier alle Tage. »*Not for toffee*!« (Um keinen Preis). Noch nie habe ich so viele gesehen. Es gibt welche für jeden Geschmack; harte, weiche, mit Schokolade-, Mokka-, Nuß-, Whisky- und sogar Rum- und Rosinenaroma! Zahllose Schachteln liegen auf Tischen übereinandergestapelt, und man bewegt sich wie in den Gängen eines Labyrinths. Ich vergesse aber nicht in einem anderen Teil dieses Kindertraumkaufmannsladens die zu Bergen getürmten Kuchen aller Arten, denn wir sind im *Land of cakes*, einem Schottland, das alle Schrecknisse des anderen wiedergutmacht.

Gibraltar

In einer lauen und regnerischen Dezembernacht stehen wir alle an Deck, um nach den Lichtern Europas auszuspähen, aber was wir zuerst sehen, ist Afrika, das im Schatten wie ein prächtiges Kunstjuwel funkelnde Tanger. Zu unserer Linken ein Scheinwerfersignal. Wir fahren langsamer, so langsam, daß man fast stillzustehen glaubt. Einige leuchtende Punkte zeichnen die spanische Küste ab. Kurz vor Mitternacht befehlen uns die Signale zu stoppen, das Brummen der Maschinen verstummt, und ein kleines Boot legt im leisen Plätschern der Wellen an unserer Flanke an.

Ein rotes Gesicht unter einem schwarzen Mützenschirm, das ist alles, was ich von dem britischen Offizier erblicke, der raschen Schritts über das Deck eilt; ihm folgt ein Mann in Zivil, und er trägt das, was die Engländer seltsamerweise ein Attaché Case nennen. Beide verschwinden sogleich. Und da sind wir nun in Gibraltar, das unsere Augen zu erraten suchen. Nichts Auffälliges an dieser Ankunft; viele von uns gähnen und denken an ihr Bett, einige fragen bereits, wann es weitergeht, und ein dumpfes Geräusch antwortet ihnen. Es ist die sich abrollende Ankerkette, denn wir ankern in der Reede, in jenem Teil der Reede, den man, glaube ich, den Friedhof nennt, weil es passieren kann, daß man dort vergessen wird...

Am nächsten Morgen stürze ich mich, kaum erwacht, hinaus, um die Aussicht zu bewundern. Gibraltar ist ein massiger Felsen, der eine kleine Stadt ins Meer zu stoßen scheint, und sie klammert sich mit all ihren

Gassen, Stiegen und Gärten an die Flanke des Ungeheuers. Ein Frühlingshimmel lächelt über dieser Landschaft, und ich kleide mich in aller Eile an, um das Boot nicht zu verpassen, das uns an Land bringen wird, falls die Behörden so freundlich sind, es zu gestatten. Einige Stunden später steigen wir die Hauptstraße hinan.

Die Stadt ist wie eine Tür, die sich einen Spalt nach Spanien hin öffnet. Diese kleinen weißen Häuser mit ihren verschnörkelten Eisengitterbalkonen gemahnen zwar an das Spanien der Serenaden und Prozessionen, aber dieses Bild ist zu oberflächlich und trügerisch, und die hünenhafte Silhouette eines *Policeman* weist es, wenn ich so sagen darf, in seine Schranken zurück. Wo sind wir? In England? Zwei Schritte vom Balkon Rosinens entfernt erblicke ich die Apotheke *Roberts*. Wir sind also in Gibraltar.

Ich halte mich in keinem der Basare auf, in die sich meine Reisegefährten stürzen, und Orientalen schütteln vergeblich den Staub ihrer Teppiche vor meiner Nase hin und her. In einem englischen Tea Room, den ich gerade betreten habe, finde ich England wieder. Sogar die Katze, die gleichgültig an mir vorübergeht, hat die Allüren eines Gentleman.

Die sogenannte Kathedrale ist eine hübsche kleine gotische Kirche – zart geästelte Gurtgewölbe, flakkernde Kerzenglut im Halbdunkel, und in der Nähe der Tür eine große, tragische Madonna mit verhärmtem Gesicht. Man ist so überrascht von ihrer Gegenwart, daß man sich nicht traut vorüberzugehen, ohne einen Augenblick vor ihr zu verweilen, denn ihr Schmerz ist echt und ergreifend. Hier finde ich die Alte Welt in der überwältigenden Maßlosigkeit ihrer Gefühle wieder, und kaum habe ich den Fuß auf europäischen Boden gesetzt, da begegne ich sogleich dieser stummen Angst, aber ich liebe es auch, an der Schwelle des alten Kontinents ein schönes Bild zu entdecken, an dem sich die Augen und das Herz weiden können. Und da es mich heute nicht sonderlich interessiert, die Ruinen des maurischen Schlosses und die Eukalyptussträucher auf der Promenade zu sehen, kehre ich ziemlich rasch zum Hafen zurück.

An Bord bestätigen mir die langen Gesichter, daß die befürchteten Schwierigkeiten eingetreten sind. Wir fahren weder morgen noch übermorgen weiter, und niemand kann sagen, wann wir den Anker lichten werden. »Aber«, ruft eine empörte Stimme, »in vier Tagen ist doch Weihnachten! Man wird uns doch nicht Weihnachten in Gibraltar verbringen lassen!« Aber Weihnachten kommt und Weihnachten geht, und wir sind immer noch in Gibraltar. Ein großer, reich geschmückter Weihnachtsbaum prangt im Speisesaal und ruft allgemeine Rührung hervor. Wir gehen an Land, dürfen aber nicht die Stadt verlassen. Ich beginne sie in- und auswendig zu kennen, mit ihren Tea Rooms, wo man *buns* und *scones* zum Tee ißt, ihren *Policemen* an den Straßenkreuzungen und ihren halbwilden Affen in den Felsen.

Das einst aus rosa Stein erbaute und zum Teil ganz schwarz gewordene Glasgow entbehrt nicht einer etwas unheimlichen Größe. Man sieht noch einige riesige Häuser, deren Umrisse an mittelalterliche Burgen gemahnen. Doch heute, mit den immer zahlreicher aufschießenden Wolkenkratzern, findet es, wenn auch um den Preis seines ursprünglichen Charakters, eine neue Jugend wieder. Das alte Ungeheuer versucht sogar zu lächeln.

Ich sah sehr schöne junge Menschen beiderlei Geschlechts. Selbst die einfachsten sehen wie von gutem Stamm aus, energisch, frisch und gesund. Überall auserlesene Höflichkeit, und das gefällt mir am meisten.

In der Kathedrale von Glasgow, ursprünglich aus rosa-braunem Stein, von Wetter und Rauch stark angeschwärzt, aber immer noch schön mit ihren Spitzbögen aus dem XV. Jahrhundert und den beiden Krypten. Lange, mit Kissen gepolsterte Bänke aus dunklem, poliertem Holz an Stelle unserer Strohstühle. Und trotz allem bleibt sie unerklärlicherweise katholisch. Sie bewahrt jenes besondere Licht, das sich der Stille anpaßt, als sei es eines ihrer mysteriösen Elemente – diese majestätische Kirche, die John Knox in seiner antipäpstlichen Raserei niederreißen lassen wollte. Nur der entschlossene Widerstand der gesamten Bevölkerung zwang ihn zum Nachgeben.

Glasgow, die schwarze Stadt des XIX. Jahrhunderts, wird raschen Verwandlungen unterzogen, von denen einige lobenswert sind. Alles, was an die Elendsviertel gemahnte, wurde abgerissen und – leider – durch

Kastenhäuser, Mietskasernen ohne Konzept und Charakter ersetzt. In einer anderen Gegend jedoch ist jetzt eine herrliche, von ihrem Schmutz befreite Stadt zu sehen, Gruppen vornehmer Häuser aus der Zeit Georgs III. inmitten schattiger Anlagen. London hat weder Schöneres noch Eleganteres zu bieten als diese breiten, rechtwinkligen, klassischen Fassaden mit den gebieterisch hohen Fensterkreuzen.

Wir schlendern durch ein im Abbruch begriffenes Stadtviertel; mit Brettern verbarrikadierte Kirchen, ganze Häuserreihen mit toten, leeren Fenstern, Fassaden ohne etwas dahinter, lange Esplanaden aus Steinen und Schutt, und alles das von einer wilden Poesie. Ein Kind bittet Eric, es zu fotografieren, legt sich auf den Asphalt in Studiopositur. Eric tut so, als ginge er darauf ein, und knipst es, als es sich unbeobachtet glaubt. Ich nehme unterdessen die Ruinen auf.

Am Nachmittag, bei frischem und sonnigem Wetter im Victoria Park. Dort ist ein kleines Museum für Baumfossilien. Ein seltsames Museum; in einem Raum von der Größe eines Salons sieht man auf dem Zementfußboden, was von Bäumen bleibt, die man einen Meter über der Wurzel gefällt hat und die zu Stein geworden sind. Die sich ziemlich weit erstreckenden Wurzeln haben die Besonderheit, sich wie die Arme eines Seesterns in gleichmäßigen Abständen von einander zu spreizen, was, wie es scheint, heute nicht mehr vorkommt. Diese Baumstümpfe sind zweihundertdreißig Millionen Jahre alt und haben sich in der Eiszeit fossilisiert oder, besser gesagt, versteinert. Sie sind alle weißlich grau, ich zählte ihrer sieben, und sie regen an, von einem Wald der Urwelt zu träumen.

An einem frühen Samstagnachmittag, einem typischen angelsächsischen Samstagnachmittag, der so öde wie ein französischer Sonntag ist, ohne eine Sterbensseele, ohne daß sich etwas rührt, gehen wir zum Linn Park, dorthin, wo Mary Stuarts kriegerisches Abenteuer endete. Nicht einmal die Wolken regen sich.

Etwas unterhalb der Straße muß man zuerst einen Bach überqueren, einen verwahrlosten Park durchwandern, und dann überfällt uns plötzlich, nach der Hitze des Weges, der Schatten riesiger Bäume. Gigantische Stämme sind gefällt worden, um Tische daraus zu zimmern; einige Buben spielen Fußball auf einer Wiese, deren Ende nicht zu erkennen ist. Eingestürzte, mit Efeu und Heckenrosen überwachsene Mauern, eine kleine Terrasse und einige Wandstücke eines Hauses, das sind die einzigen Überbleibsel des Schlosses Cathcart, wo die Königin mitansehen mußte, wie sich ihre letzten Truppen, obwohl zahlenmäßig überlegen, ihrem Bruder, Lord Moray, ergaben. Alles, was ihr später geschah, die Gefangenschaft und das Schafott, war ihr bereits in diesem Blick auf das Schlachtfeld verheißen. Mit der Niederlage bezahlte sie den Mord an Darnley. *Exit a queen* – wie bei Shakespeare.

Im erfrischenden Schatten des Linn Parks denke ich an diesen letzten Tag der Königin vor etwas mehr als vierhundert Jahren. Es war im Mai, an einem heißen Tag, und wir sind in der Junihitze. Vor uns, jenseits des Parks, erstreckt sich die ganze Ebene, die Felder, die Hügel gegen Langside. Die Zeit existiert nicht mehr, und die Gespensterheere liefern immer noch ihre unsichtbare Schlacht in der Erinnerung der Menschen.

Hamburg

In Berlin hatte mir ein Freund geraten: »Wenn du in Hamburg bist, wende dich an Rudolph, er kennt die Stadt *in- und auswendig.*« Rudolph bewohnt zwei Zimmer in einem finsteren Erdgeschoß, zwei Schritte von der Außenalster entfernt. Moderne Möbel, überall grüne Topfpflanzen und Blumen, und trotz allem der Eindruck unerträglicher Trübsal. Eine kleine, bekümmert dreinblickende Hündin schiebt ihr langes schmales Köpfchen zwischen meine Hände und läßt sich den Hals kraulen. Rudolph umgibt sie mit zärtlicher Pflege. Er ist sehr um mein Wohlbefinden bemüht, gibt sich möglichst ungezwungen, aber man hat das Gefühl, daß er sehr neurasthenisch ist. Als ich ihn an diesem Abend bitte, uns ein bißchen in seiner Stadt herumzuführen, lächelt er traurig und schlüpft sofort in seinen Regenmantel. Wir wandern von Kneipe zu Kneipe, von Spielkasino zu Spielkasino, ohne viel Interessantes zu sehen, aber wie es scheint, ist es kein »guter Abend«. Nur die *Indische Bar* überrascht uns. Zehn oder zwölf Neger reden, schreien und diskutieren in einem scheußlich beleuchteten Raum; deutsche, englische, französische Sprachfetzen vermengen sich in ihrem Kauderwelsch. Man denkt an einen Roman von Joseph Conrad. Der Hafen ist dunkel und öde, und es weht ein kalter Wind.

Am nächsten Tag fährt Rudolph mich nach Blankenese. Ein herrlicher Blick auf die Elbe und das Meer.*

* Es ist unmöglich, von Blankenese aus das Meer zu sehen. Julien Green hat es vielleicht geglaubt, weil dort die Elbe sehr breit ist. (Anm. d. Ü.)

»Pompös, nicht wahr?« sagt er, als er meine Bewunderung sieht. Das Wasser ist abwechselnd schwarz und weiß; weiße Segel schweben unter den Wolken dahin. Aber Rudolphs Traurigkeit ist ansteckend. Diesem großen, hageren Jungen steht die Tragödie in den Augen geschrieben. Er erzählt mir, er habe eines Tages die Straßenbahn genommen und sei Zeuge gewesen, wie diese ein Kind überfuhr. »Alle sind mit dem gleichen Schreckensschrei aufgesprungen!« Das sieht ihm ähnlich. Ich verlasse ihn, werde mir die Stadt auf eigene Faust anschauen, wahrscheinlich ein bißchen unsystematisch, aber das erscheint mir immer noch lustiger, als von diesem jungen Mann begleitet zu sein, der schon an sich ein Schatten ist.

In St. Pauli, der Stadt des Fleisches. Eines eher sehr jungen Fleisches. Großmarkt der Prostituierten beiderlei Geschlechts und anderer. Das Angebot übersteigt bei weitem die Nachfrage. Eine endlose Folge anrüchiger Lokale, und sie funkeln mit tausend Lichtern wie Talmischuck und Kunstperlen. Unten die Promenade am Hafen entlang. Auf der einen Seite die riesigen schwarzen Schiffe, groß wie Häuser, dann der breite, menschenleere gepflasterte Pier, und auf der anderen Seite die Bars und die seltsamen Kneipen mit ihrem ständigen Gedränge von Leuten aller Hautfarben. Die Gewaltsamkeit dieses Treibens hat Charakter, und das brutal Malerische steht in nichts dem nach, was man sich von den Häfen des Orients vorstellen kann.

Im bläulichen Morgendämmerlicht ist der Fischmarkt der Ort, der sich in Hamburg des größten Zulaufs erfreut. Man muß um vier Uhr morgens da sein. Die Gerüche des Meers sind so stark, daß sie selbst in den Farben der Fische zu stecken scheinen. Lebendige Hummerpyramiden. Man erzählt mir, daß im XIX. Jahrhundert in den Kellern der reichen Häuser der Stadt Zisternen angelegt waren, in denen man diese Tiere züchtete. Ein oder zwei Wochen lang setzte man die für das nächste Bankett Ausgewählten in ein besonderes Becken, und jeden Abend bepinselte sie ein Diener mit frischer Sahne, die sie sich während der Nacht abschleckten. Jeden Morgen wusch sie der gleiche Diener, um ein Sauerwerden der Sahne zu verhindern. Spätestens zwei Wochen danach waren sie dann endlich groß und fett genug für das lukullische Festmahl dieser Schlemmer. Aber es mußte eine kaiserliche Ordonnanz erlassen werden, um den Herren zu verbieten, ihre Dienerschaft mehr als zweimal wöchentlich mit Hummerfleisch zu ernähren!

In einem Café sitzt eine Frau mit gewitterfarbenen Augen um sechs Uhr früh an einem Tisch und ißt Bismarckheringe; Äpfel, Sahne und rohe Zwiebelgirlanden bedecken die silberblaue Haut des Filets. Ein großes Schnapsglas steht halb geleert vor ihrem Teller.

Ich finde diesen Fischmarkt in der Kunsthalle auf dem Bild eines Malers der Berliner Sezession wieder, und es ist die gleiche Atmosphäre der Morgendämmerung. Ein für mich bis dahin unbekannter Maler, aber ein Bild dieses Ludwig Dettmann bezaubert mich: Regen auf einem Tisch und Gartenstühlen, große Blasen in den Pfützen ... der Regen, mein Bruder. Von diesem Museum, wo die Meisterwerke unzählig sind, habe ich fast nichts zurückbehalten, denn es gab zu vieles zu sehen. Aber die Reiterin im Bois de Boulogne von Renoir hat mich entzückt; es ist ein Gemälde unermeßlichen Glücks. Die Mutter reitet im Damensattel, scheint sich in eine Richtung zu neigen, und der Knabe auf seinem Pony in die andere. Das kleine Pony muß sich beeilen, um mit dem großen Apfelschimmel Schritt zu halten. Dann ist auch noch der köstliche Spitzweg da; sein *Astronom* hat eine Nase, die nicht minder wunderlich als sein langes Fernrohr ist; man ist mit ihm, drückt das Auge an das Teleskop, das ihn dem Unendlichen näherbringt. Seine *Mönche in einer Bergeinsiedelei* träumen. Um sie herum der Sommer, die Pflanzen, der Herzensfrieden, Gott.

Wir schiffen uns nach Schottland ein. Von weitem gesehen, auf der Elbe, die breit wie ein Meerarm ist, gleicht Hamburg einer Zeichnung aus dem Mittelalter, mit den hohen Kirchtürmen auf dem weißen Blatt des Himmels. Während wir uns entfernen, wird die Stadt zu einem immer dunkler schimmernden Silberstreifen, der sich schließlich im Wasser auflöst.

Nach siebzehn Jahren bin ich wieder in Hamburg. »Ganz schön zusammengeschrumpft«, hatte uns ein junger Franzose gesagt, der mit uns reiste. Gewiß, aber die Fabriken stehen noch, und die Schornsteine rauchen. Nur die Stadt selbst ist zerstört. Diese Ruinen sind scheußlich. Die von Bomben zerstörten Städte sind immer scheußlich. Wer da sagt, Paris würde eine schöne Ruine abgeben, wie Cocteau es behauptete, der spricht wie ein Literat. Ich ziehe es vor, mich an die alte Stadt zu erinnern, die ich gekannt habe und die in meinem Andenken intakt geblieben ist.

Vierunddreißig Jahre später ist mir fast die ganze Vergangenheit zurückgegeben, und wenn ich nicht wüßte, daß von den sechs Türmen der von St. Nikolai aus einem Feuer gerettet zu sein scheint, das die übrige Kirche vernichtet hat, wäre die Illusion fast vollkommen. Gewiß, ein großer Teil der alten Stadt ist verschwunden, aber von den modernen Bauten sind viele prächtig, und die Städte der ganzen Welt, die sich gern verjüngen möchten, sollten sich an Deutschland ein Beispiel nehmen. Die langen grünen Dächer, das allgegenwärtige Wasser, die vielen Bäume und Grünanlagen in den Vierteln von Pöseldorf oder Altona machen Hamburg zu einer Hafenstadt, die zugleich auch ein Kurort ist. Hier hätte ich zu jeder Zeit leben mögen. An dem nebligen Oktobermorgen wird alles zum Aufbruch ins Anderswo, und dieses Anderswo ist jedes Reiseziel auf oder außerhalb der Welt ... Aber auch die sonnigen Nachmittage laden zur Reise ein, doch dieses Mal in die Kindheit, mit den sich kreuzenden, sich neigenden, sich verfolgenden und fliehenden Segeln auf der Alster. Und an der Elbe streckt das ganze Volk der Maschinenkräne die Schnäbel à la Giacometti empor, um die Schätze der Docks auszuheben.

Riesige graue Schiffe ziehen über das graue Wasser, das die Sonne in einen Silbersee verwandelt. Und ich frage mich plötzlich, ob *Abreise* in Hamburg nicht einfach *in Hamburg Sein* bedeutet. Oh du wunderbare Stadt der Tausendundeinen Nacht des Nordens, gestatte mir, mich wie Bonnard, Claudel, Conrad auf der Liste jener einzutragen, die dich geliebt haben.

Hammerfest ist die nördlichste Stadt Europas und auch die trostloseste, trotz ihrer wassergrünen oder stierblutroten Häuser. Sie ist trübselig wie eine amerikanische Kleinstadt an diesem sonnigen und seltsam warmen Tag. Zwei oder drei sehr große Läden, in denen alles mögliche verkauft wird; Bären- und Rentierfelle, Geldbeutel – Fluch über sie – aus Seehundsfellen. Auch Bücher, norwegische, englische, französische, und unter diesen drei Bände meiner Tagebücher und zwei meiner Romane, was mich sehr freute. Daneben die am schönsten gedruckten Exemplare des Neuen Testaments, die ich je gesehen habe. Weder in Cambridge noch in Oxford wurde es besser gemacht, nicht einmal ebenso gut. Die Schrift ist vollkommen, der Satz großzügig, und man hat Lust, diese Seiten zu lesen, ohne die die Welt keinen Sinn hätte. Und nicht weit, wie zu erwarten, der Satan mit seiner plump illustrierten Pornographie.

Die Hauptkirche ist modern, aus dem Jahre 1917, es ist die fünfte, die man auf diesem Platz erbaut hat, die vorigen vier wurden wahrscheinlich durch Brände oder Lawinen zerstört. Diese hier ist hoch und schmal, von merkwürdiger Form, wie ein halbgeöffnetes und auf den Rändern aufgestelltes Buch, was den Eindruck eines umgekehrten V erweckt. Die Wirkung ist seltsam, entbehrt jedoch nicht einer etwas spröden Anmut. Ein großes Kirchenfenster leuchtet hinter dem Altar, das Gestühl ist blaßblau gestrichen; die Religiosität ist ziemlich stark ausgeprägt in diesem Lande, wo man gefährlich lebt. Auf den Hügeln rings um die Stadt hat man Barrieren errichtet, um die Schneemassen zurückzuhalten, die schon so oft als Lawinen zu Tal gestürzt sind und alles mit sich gerissen haben. Und der arktische Ozean umspült diese Ecke der Welt, wo ein tapferes Häuflein Menschheit dem finsteren, nicht endenwollenden Winter die Stirn bietet. Elektrizität im Überfluß, die Stromversorgung ist kostenlos in Norwegen. Aber heute kann davon keine Rede sein, denn ich sehe helles Sonnenlicht und breite, öde, sich in Langeweile verzehrende Straßen. Junge Leute torkeln betrunken umher, weil Samstag ist. Sie sind herrlich schön gewachsen, schreiten zögernd und unsicher, und der Blick ihrer grünen Augen ist glasig und verschwommen.

Heidelberg

Mein Zimmer geht auf einen Garten an einem Hügelhang hinaus. Viele Bäume, Rosen, kleine Alleen, unaufhörliches Vogelgezwitscher. Gestern nachmittag sind wir in der Nähe des Karlstors am Neckar spazierengegangen. Junge Leute badeten im Fluß und ließen sich dann von der Sonne trocknen. Einer überragte die anderen an Größe, Schönheit und einem gewissen Etwas, das sich nicht definieren läßt. Auf einmal, aus Gründen, die mir bis heute schleierhaft geblieben sind, stürzten sich viele dieser jungen Leute auf ihre Kleider, schlüpften mit noch nasser Haut in ihre Hosen und rannten davon, während ein Schupo sich langsam der Szene näherte.

Der junge Mann, der mir aufgefallen war, versteckte sich hinter mehreren Personen, die sich entgegenkommend um ihn gruppierten. Hatte er nicht das Recht, dort zu sein? Plötzlich schien er sich seiner Furcht zu schämen, drängte die ihn umstehenden Personen beiseite und ging nicht, sondern lief geradewegs auf den Schupo zu. Er war schlank und so stark von der Sonne gebräunt, daß seine Haut hie und da grau, fast violett schimmerte. Sein Gesicht war in Wirklichkeit nicht so schön, wie ich geglaubt hatte, aber der Zorn verlieh ihm Glanz, die leuchtenden schwarzen Augen funkelten und die hageren Wangen verfärbten sich. Ein schwarzes Käppchen auf dem Kopf, hielt er eine lange Reitgerte in der Faust, die er bedrohlich schwenkte, als er etwas unterhalb des auf dem Uferweg stehenden Schupos angekommen war. Es kam zu einer kurzen

Auseinandersetzung, von der ich kein Wort verstand, und der Schupo – sichtlich eingeschüchtert von soviel Erbitterung und wohl merkend, daß die Sympathien der Leute auf der Seite des jungen Mannes waren – trat nach einigen warnenden Worten den Rückzug an. Unser Badender stolzierte noch eine Weile auf dem Uferweg herum, ging dann über den Platz und trug dabei ein Selbstbewußtsein zur Schau, dem seine Nacktheit noch den Charakter einer Herausforderung verlieh, denn er hatte, vielleicht um seinen Sieg deutlich zu machen, nicht einmal geruht, sich anzuziehen. Ich habe mich gefragt, ob er nicht ein Nazi war. Denn wer sonst hätte einen Schupo mit einer solchen Frechheit zu provozieren gewagt? Er ähnelte einem der Badenden von Dürer im *Männerbad*. Das ganze deutsche Mittelalter schien in ihm wiederaufzuleben, und das ist etwas, das ich schon oft in diesem Lande zu beobachten Gelegenheit hatte. In Frankreich ist es das XVIII. Jahrhundert, das sich am meisten in den Zügen der Menschen eingeprägt hat, zumindest in den Städten.

Nach dem Abendessen mit einem Freund und dessen Frau im Stadtgarten. Ein Orchester spielt abgedroschene Weisen. Studenten setzen sich zu uns. Einer von ihnen, ein ziemlich häßlicher Kerl übrigens, macht der jungen Frau Komplimente, und sie kichert nervös. Sie trinken aus dem selben Glas, und alle finden das sehr amüsant. Nach einer Weile stehen sie auf und verschwinden, um ein wenig später sehr viel ruhiger zurückzukehren.

Im Kurpfälzischen Museum, einem alten Barockbau, verbringen wir eine köstliche Stunde. Flache, in roten Stein gehauene Säulen in korinthischen Stil stützen eine

Treppe und sehen aus, als warteten sie auf jemanden, wie Bittstellerinnen bei einem großen Herrn. Die aneinandergereihten Salons und Empfangsräume sind mit weißen Reliefs auf grauem Grund nach Motiven von Prud'hon dekoriert. Kühle Frische und absolute Stille in den Räumen hinter den Salons. Von den Fenstern der zweiten Etage aus fällt der Blick auf ein grünes Dikkicht, in dessen Mitte ein Brunnen plätschert.

In der Universitätsbibliothek. Die Manuskripte der Dichter sagen die gleichen Dinge wie das grüne Unterholz. Hier erscheinen mir die Worte der Gedichte am wahrsten, denn sie bleiben nicht im Gedächtnis haften, sondern im Herzen, wie diese Verse von Eichendorff:

> . . . Wie so stille in den Schlünden,
> Abendlich nur rauscht der Wald.
>
> Alles geht zu seiner Ruh,
> Wald und Welt versausen,
> Schauernd hört der Wandrer zu,
> Sehnt sich recht nach Hause,
> Hier in Waldes grüner Klause,
> Herz, geh endlich auch zur Ruh!

Istanbul

Eine Katze erwartet uns auf dem Flughafen. Winzig, von rauchgrauer Farbe, sitzt sie aufrecht inmitten eines großen leeren Raums und schaut ruhig der Menge der Reisenden zu, die sich um die Fließbänder drängt, auf die sich eine Flut von Koffern ergießt. Sie weiß genau, daß die Katze in der Türkei eine Königin ist und daß niemand sie anrühren wird. Ein kleiner Junge streckt eine freundliche Hand nach ihr aus, um sie zu streicheln, aber die kleine Samtpfote stößt ihn mit sanfter Entschlossenheit zurück.

Ankunft in Konstantinopel an einem schönen Herbstspätnachmittag, bei goldenem Licht, ich weiß wohl, daß dieser Augenblick sich für immer in meiner Erinnerung einprägen wird. Derartiges hatte ich bisher nur empfunden, als ich mit siebzehn Jahren zum ersten Mal Venedig erblickte, aber Venedig ist ja auch ein wenig Byzanz. Hier wirkt die Milde der Luft berauschend wie ein Zaubertrank, und ich bin bereit, mich geradewegs in eine Szenerie der *Tausendundeinen Nacht* zu begeben. Ist es der Kontrast zu dem trübseligen Athen? Ich weiß wohl, daß es Mißlichkeiten geben wird, und ich bin auf ein jähes Erwachen gefaßt, aber ich gebe mich ganz dem Zauber der ersten Augenblicke hin. Es gibt Trunkenheiten, die man mit Bangen bewahren möchte. Aber warum nicht den flüchtigen Augenblick genießen? »Verweile doch, du bist so schön!« Ich höre das Flüstern dieses Goethe-Worts in meinem Kopf.

Als ich an den alten Mauern von Byzanz mit ihren

schweren Festungstürmen entlanggehe, fühle ich mich wie in eine andere Welt versetzt. Es ist die muselmanische Welt, die ich nur wenig kenne. Im leicht goldenen Dunst erscheint mir Istanbul wie die Stadt der Träume. Ich verliebe mich in Konstantinopel. Minarette wachen über unzählige Kuppeln, ich frage mich, wie viele es sein mögen, und erkundige mich beim Chauffeur. Er antwortet mir lachend: »Das weiß Gott allein!«

Vom Balkon meines Zimmers aus sehe ich den riesigen Bosporus fast zu meinen Füßen. Heute schimmert er blaß türkisgrün unter dem grauen Himmel. Zu meiner Rechten erblicke ich die Kuppel der Hagia Sophia, und das alles wie in der Erfüllung eines Traums, der mich verfolgt, seit ich zum ersten Mal Pierre Loti gelesen habe. Aber er hatte die Moscheen nur von außen gesehen. Zu seiner Zeit waren sie den Ungläubigen verschlossen.

In der Hagia Sophia. Hier, an diesem einzigartigen Ort, scheint man die allesumfassende Breite Gottes zu feiern, und das trotz der schwindelnden Höhe der Kuppel. Die großen Rundschilde, auf denen die flammenden arabischen Buchstaben in prächtigen Schnörkeln einen uns fremden Glauben preisen, stören mich wenig. Ich schaue und höre nicht auf, mich zu verwundern. Riesige Armleuchter hängen tief herab von der Höhe dieser unwahrscheinlichen, umgestülpten gelben Schüssel, zu der man nicht aufblicken kann, ohne von einem Schwindelgefühl ergriffen zu werden. In einer unvordenklichen Zeit haben hier Kinderchöre zum Ruhme Christi gesungen. Ein Mosaikbild, das der Islam nicht zerstören wollte, zeigt es uns: Christus mit strengem Gesicht, ein großes Buch an seine Hand gelehnt, gegenwärtig unter diesem Volk, das er nicht zu überzeugen vermochte.

Über eine leicht ansteigende Rampe, sehr leicht ansteigend, damit der siegreiche Sultan sie zu Pferde erklimmen konnte, gelangt man auf die breiten Galerien, von wo man alles das entdeckt, was man auf den ersten Blick nicht sehen konnte: Eine Art von Pavillon aus durchbrochenem Marmor, in welchem der Basileios saß, und das ihm gegenüberliegende Chorgestühl, aber nichts ist beeindruckender als die Majestät der Leere, die Souveränität des Raums in der Pracht des Gebäudes.

Die Zisternen von Byzanz. Allein der Name Byzanz verleiht allem, was er bezeichnet, etwas Geheimnisvolles. Ich weiß nicht, wie viele Zisternen es einmal gegeben hat, aber drei sind geblieben, und ich habe zwei davon gesehen. Die erste ist die erstaunlichste. Zwei Schritte von der Hagia Sophia entfernt, liegt sie einige Fuß unter der Erde. Man steigt eine schmale Steintreppe hinab und gelangt in einen Wald von korinthischen Säulen, deren Sockel in einem schwarzen See verschwinden. Es sind über dreihundert und in achtundzwanzig Reihen, aber ich sehe nur etwa fünfzig, da die anderen sich im schimmernden Halbdunkel verlieren. Aus welcher Zeit stammen sie? Man weiß es nicht genau, vielleicht aus der Zeit Konstantins. Er mutet phantastisch an, dieser ganz rosige, sich in die dunkle Nacht hinziehende Wald, und man wird es nicht müde, in ihm zu träumen. Ich denke an die großen Zypressenmarschen in South Carolina zurück, wo man auf Kähnen inmitten großer, etwas totenfeierlicher Bäume auf einem schwarzen Tintensee gleitet, wie in einem Gedicht von Edgar Poe. Dort in der Neuen Welt wie hier in Byzanz die gleiche, an Ewigkeit gemahnende Stille.

Heute früh im archäologischen Museum. Im hethitischen Saal entdecke ich eine Zivilisation, die ich kaum und eigentlich nur aus der Bibelstelle kannte, in der sie erwähnt wird, wenn auch nicht einmal als Zivilisation. Der Hethiter ist derjenige, der aus dem Gelobten Land vertrieben werden muß. Wie dem auch sei, er hat uns Skulpturen von oft wunderbar kraftvoller Wuchtigkeit hinterlassen. Die hethitischen Löwen brüllen noch fürchterlicher als die von Delos. So böse Löwen habe ich noch nie gesehen. Unter ihren hochgezogenen Lefzen ragen schreckliche Fangzähne. Etwas weiter in diesem Museum voller erstaunlicher Schätze lacht ein kypriotischer Herkules mit quadratischem Bart ein gräßliches Lachen, während er einen Löwen, den er an den Hinterpfoten hält, entzweireißt wie ein Tuchhändler ein Stück Stoff. Ich muß dazu noch sagen, daß diese Gestalt von einer alptraumhaften Größe ist, wie der Gilgamesch im Berliner Museum. Prächtige, in schwarzen Diorit gemeißelte Könige, eine in Hattusa gefundene Kalkstein-Sphinx, deren schwarze Augenhöhlen uns verschlingen, assyrische Kolossalsäulen, und wir sind im *Anderswo* in diesem leeren Museum, wo nur unsere Schritte hallen. In einer Vitrine ein sumerischer Liebesbrief in Keilschrift. Aus der Übersetzung notiere ich mir folgende Worte: »Ich bin das Opfer deiner Zärtlichkeiten ...«

Topkapi, das große Serail der Sultane. Man warnt mich, daß wir uns in ein Labyrinth begeben werden, und ich hoffe nur, mich nicht auch in den Notizen zu verwirren, die ich mir heimlich mache. Nachdem wir den ersten Hof überquert haben, sind wir am Tor des Harems. Bevor wir weitergehen, werfen wir einen Blick in den Audienzsaal, einen mit Sofas vollgestopften und von einem breiten, hervorspringenden Dach geschützten Raum, wo man die Gesandten, die nicht weiter dringen durften, empfing. Von den vierhundert Zimmern des Harems werden wir etwa fünfzig sehen, aber zuerst müssen wir durch die Quartiere der schwarzen Eunuchen und ihren gemeinsamen Baderaum gehen. Links und rechts der Türen erstreckt sich ein langer, finsterer Korridor. Fast in Deckenhöhe zwei große Querstangen und, an der Wand hängend, ein dicker Knüppel, um die ungehorsamen Sklaven zu züchtigen. Die Neuankömmlinge entgehen ihm nicht, selbst wenn sie nichts getan haben: Willkürliche Vorbestrafung, ohne anderen Grund als den, sie mit dem Ton des Hauses bekanntzumachen.

Ich schaue mir lieber die kleinen, blaugekachelten Zimmer an, in denen die Konkubinen des Sultans warteten und warteten, daß er sich in einer zufälligen Sinneslaune an die eine oder andere von ihnen erinnerte. Eine Matratze zum Schlafen auf dem Boden, ein winziger Diwan, das war ihr Platz in dieser hübschen kleinen Hölle, wo die Mädchen unter den zu ewiger Blüte erstarrten zarten blauen Blumen an den Wänden in den Zügen ihrer zahllosen Rivalinnen die ersten Vorzeichen des Welkens zu entdecken suchten. Man kann sich den Klatsch und die Zänkereien vorstellen . . . Über Gänge und Korridore, an den Gemächern der Sultaninnen vorbei, gelangen wir endlich zum Herrn und Meister, wo lange Sofas sich den Wänden entlang aneinanderreihen. Das Blaugrün der Keramikfliesen erfreut und erfrischt das Auge. Ein Springbrunnen, dessen Plätschern das vertrauliche Geflüster übertönt – denn der Argwohn ist überall in den orientalischen Palästen zu spüren. Der Schrecken dieser geheimen Welt schlägt einem wie in Schwaden entgegen, während man von Zimmer zu Zimmer geht. Hier, in einem kleinen Speiseraum, sind Früchte an die Wände gemalt, um den übersättigten Appetit des zarter als die anderen besaiteten Sultans anzuregen; dort, die Muscharabien* aus Steingut, durch die sich die Fürsten bespähen. Wie soll ich mir das alles notieren? Ich bin es müde, mich mit einem Labyrinth herumzuschlagen, und ziehe es vor, in den Gärten spazierenzugehen, den Himmel wiederzusehen.

Kaum habe ich draußen ein paar Schritte getan, da verspüre ich eine Art von Glücksgefühl, fast von Freude, nach der erstickenden Atmosphäre des Harems. Hie und da auf einer großen Terrasse verstreut reizen etwa sechs Pavillons verschiedener Formen meine Neugier, sie sind vier- bis achteckig, fast so niedrig wie Bungalows, und ich kann mir denken, daß sie ideale Wohnungen bieten; sie sind von einer eleganten Einfachheit, diese Prinzenhäuschen oder *Yali*, wie man sie hier nennt. Über dem ersten ragt ein komischer langer schmaler, minarettähnlicher Schornstein. Das Äußere, eine Fassade mit sechs vergitterten Fenstern, verspricht nichts besonders Prächtiges. Es ist der Yali der Beschneidung. Aber drinnen, ein Raum in ge-

* Muscharabie = hölzernes Gitterfenster, durch das man sehen kann, ohne gesehen zu werden. (Anm. d. Ü.)

dämpftem Licht, unendliche lange Sofas, und die Wände sind wie Blumenbeete, die durch eine Zauberwirkung senkrecht stehen. Plötzlich will ich nicht mehr fort. Ich möchte hier bleiben, denn hier finde ich den Frieden; ich werde mich dort in eine Ecke setzen und die Welt vergessen . . . Aber wir sind nicht zum Spaß hier, wir müssen noch andere Pavillons in unserem Gedächtnis aufspeichern, und ich nehme Abschied von dem verzauberten Saal.

Wenn man das Serail verläßt, verlängern sich seine Wege durch vernachläßigte Obstgärten, erstrecken sich über Terrassen und Eukalyptusalleen, in denen der Wind mit einem leisen Knistern durch die harten Blätter fährt, bis zum Bosporus hinab. Ganz unten, wenn man jenseits des Walls ist, sieht man einen runden Mauervorbau, der den Spähern des Sultans gestattete, das Kommen und Gehen gegenüber zu beobachten. Gegenüber beim Großwesir, denn die Hohe Pforte war er, und wenn er auch manchmal im gegenständlichen Sinne den Kopf verlor, so hatte er doch die Ehre, für die Welt das ottomanische Reich zu repräsentieren. Hinter dieser Hohen Pforte mit ihrem extravaganten Rokokoschutzdach im Wiener alla-turca-Stil führen schattige Alleen zu den Ministerien.

Am Abend blicke ich von meiner Terrasse aus immer wieder auf den Bosporus, jene kühne Brücke, die uns wie durch einen Faden mit Asien verbindet, wie ein vollkommener Strich zwischen den Hügeln der beiden Kontinente, und auf der anderen Seite, zum Goldenen Horn zu, am noch hellen Himmel die Silhouette der Hagia Sophia, deren blaßviolette Farbe sich langsam im Dunst auflöst.

Man erzählt mir, daß Jaén noch vor zehn Jahren eine zauberhaft schöne Stadt gewesen ist. Außer in einigen wenigen vom Wahn der Immobilienmakler verschonten Straßen erweckt Jaén den Eindruck, einem Bombenangriff im Zeitlupentempo ausgesetzt gewesen zu sein. Die Häuser von früher wurden einzeln oder in ganzen Straßenzügen niedergerissen, und es bleiben Schutthalden voller Schmutz oder Gebäude von seltener Häßlichkeit. Der Zement ersetzt den Stein, Betonschubladen haben die hübschen Balkone mit den Eisengittern verdrängt, von denen dicke Trauben von Geranienblüten hingen. In den verschonten Straßen wandeln wir unter Lawinenmassen kleiner roter Blumen. Hier herrschen noch der Friede und die Poesie von einst, aber die Scheußlichkeiten der Architektur und die Politik des Tages werden alles das wegfegen. Wir gehen gräßlichen Zeiten und einer traurigen Zukunft entgegen... Ich habe meine Gefährten zum Lachen gebracht, als ich sagte: »Sevilla verführt, Cordoba lädt zum Bleiben ein, aber Jaén setzt einen vor die Tür.«

Die Kathedrale, von der René Huyghe behauptet, sie sei die schönste Renaissancekirche Europas, verdiente dieses Lob vielleicht, wenn man vergäße, daß es in Rom die Peterskirche gibt. Die mit Statuen und Ornamenten überladene Fassade ist äußerst eindrucksvoll, und die beiden sehr weit voneinander entfernten Türme verleihen ihr besondere Größe und Originalität, aber man hat keinen Abstand, und so geht viel von dieser Pracht verloren.

Mit seinem ins strahlende Blau ragenden Kopf und den schwindelnd hohen Hängen leuchtet der Berg in der Sonne, und bei Einbruch der Dunkelheit, wenn man ihn plötzlich am Ende einer Straße oder über den Dächern rötlich schimmern sieht, wirkt er fast tragisch. Die massige maurische Festung, die Jaén beherrscht, sieht immer noch bedrohlich aus mit ihren quadratischen Türmen und dicken Mauern. Wir wohnen im renovierten Castillo, und von dort oben gesehen verschwindet das ganze Tal im blauen Dunst.

Unmöglich, in der Stadt eine französische Zeitung zu finden. In den hiesigen Blättern stehen nur spanische und Lokalnachrichten. Die langen, engen, im Zickzack verlaufenden und am Abend menschenleeren Straßen bewahren noch den Reiz einer Operettenkulisse, aber einer Operette, die sich während des Bürgerkriegs in eine blutige Tragödie verwandelt haben muß. Ein Porträt von Franco im Schaufenster einer Apotheke. Hier trauert man ihm ganz offen nach. Zwei leere aufeinandergestellte Kartons, und in diesem Schilderhaus verkauft ein Zwerg Lotterielose; ein Stückchen weiter tut es eine Frau von enormen Ausmaßen, mit großen schwarzen Augen, und sie sitzt zwischen zwei Mülltonnen wie in einer uneinnehmbaren Festung. Die Nacht bricht ganz plötzlich ein, wenn die Sonne hinter den Bergen verschwindet, und der Frühlingsabend ist eisig kalt.

Auf der Hauptstraße waren wir die einzigen Europäer, und die Araber haben es sich nicht nehmen lassen, hinter uns auszuspucken. Vieles ist mir aufgefallen. Im ersten Stock eines kleinen Hauses, in einem niedrigen, nur durch eine Luke erhellten Raum, dreht ein Kamel mit Strohwischen über den Augen die Noria*; es geht so nahe an uns vorbei, daß wir es fast berühren können. Das Geräusch der Noria, die Schritte des Kamels auf dem gestampften Lehmboden, das alles vermittelte einen Eindruck von wunderbarer Altertümlichkeit, und ich glaube, ich hätte gern einen guten Teil des Tages dort verbracht, wenn es mir möglich gewesen wäre.

Ein wenig später sitzen wir in einer Zawyia. Ein großer, gewölbter, recht ärmlich aussehender Saal, Bänke an den Wänden, Strohmatten auf den Bodenfliesen, und in der Mitte des Raums einige ganz hübsche, verblaßte Teppiche. In Erwartung einer religiösen Feier, die am Nachmittag stattfinden soll, strecken sich eine Anzahl schwarzgekleideter Araber auf den Teppichen aus und plaudern. Einige halten eine Rose zwischen den Fingern und riechen von Zeit zu Zeit an ihr. Einer rollt sich auf den Rücken und spielt mit seinem Sohn, einem schönen Knaben von etwa fünf Jahren, den er mit ausgestrecktem Arm über sich hält.

Um unsere Ungeduld zu besänftigen – man hat uns versprochen, daß Aïssawas vor unseren Augen Glas

* Bewässerungsrad, Schöpfrad eines Brunnens. (Anm. d. Ü.)

essen und sich mit Säbeln durchbohren werden –, schickt man einen Jungen zum benachbarten Kawadschi, und schon sitzen wir alle bei einem gemütlichen Schwatz zusammen und trinken einen köstlichen Kaffee aus – für unsere Begriffe – sehr schmutzigen Tassen. Ein seidener Vorhang öffnet sich ein wenig, nicht weit von uns, und hinter einem dicken Holzgitter flüstern und lachen junge Mädchen, zeigen mit dem Finger auf uns. Sie sind in Schwarz gekleidet, und ihre goldenen Ringe funkeln im Halbdunkel.

Es ist gewiß eine sehr banale Szene, wie man sie allen Touristen zeigt, und ich bin sehr naiv, sie so poetisch zu finden, aber während ich sie beobachtete, fühlte ich mich in eine sehr, sehr ferne Vergangenheit zurückversetzt. Es mag vermessen scheinen, hier von *Tausendundeiner Nacht* zu sprechen, aber genau das ist es.

Draußen verfärbte sich der blaue Himmel schwarz. Wir stiegen auf die Terrasse des Hauses, um in die Sterne zu schauen. Noch nie habe ich so viele auf einmal gesehen; eine Art von leuchtendem Staub bedeckte das ganze Himmelszelt. Mit Hilfe eines Fernglases versuchten wir, den einen oder anderen Stern zu erkennen, und sie erschienen uns wie strahlende Punkte in einer bläulichen Dunstwolke. Je länger ich in den Himmel blickte, desto unwichtiger erschien mir das Leben auf Erden, aber ich war glücklich, und ich hätte in den Himmel *versinken* wollen, wie man sich ins Meer stürzt.

Besuch der großen Moschee. Ein abscheulicher Blinder, den ein Kind begleitete, hat uns hineingeführt. Das Halbdunkel, die geheimnisvollen langen Alleen der Säulen, die je nach dem Blickwinkel, aus dem man sie betrachtet, bald in vollkommener Symmetrie aufgereiht, bald aufs Geratewohl hingepflanzt zu sein scheinen, die nur von der näselnden Stimme eines seine Gebete leiernden Bettlers unterbrochene Stille – all das hinterläßt einen Eindruck von Fremdartigkeit. Auf einem herrlichen Teppich, der sich über die Fliesen erstreckte, gingen wir von der Pforte bis zur Kanzel und bewunderten die schönen griechischen Kapitelle, die aus Byzanz stammen. Vögel schossen in schnellem Flug über uns hinweg, wie zwischen den Bäumen eines Waldes.

Unterkunft in einem kleinen Schloß, das den ganzen Reiz eines im XVII. Jahrhundert restaurierten Herrenhauses aus dem Mittelalter bewahrt hat. Große Zimmer, Ahnenporträts an den mit Kalk geweißten Wänden; Kurfürsten mit Säufernasen in scharlachroten Gewändern, Kardinäle mit Schurkengesichtern, schwere flämische Schränke auf Kugelfüßen, wenig Licht, aber eine hübsche Aussicht, und die Fensternischen sind so tief, daß man sich hineinsetzen und sich einbilden kann, man lebe in sehr alten Zeiten ... Frühmorgendliche Kapuzinermesse in einer eiskalten Kirche; die Besucher treten mit gefalteten Händen ein wie die Spender auf dem Gemälde eines Meisters der Frühzeit. Auf der Straße steht ein beleibter Mann von etwa fünfzig Jahren, langer Vollbart bis über die Brust, langes Haar bis über den Nacken, Brille, kurze Hosen, weiße Strümpfe, Schuhe mit Silberschnallen, und er singt, nein, er jodelt.

Um die Mittagszeit auf zweitausend Meter Höhe. Die verschneiten Berge, das blendende Licht, die Skiläufer, alles das ist mir ein bißchen fremd. Ich bin ein Mensch der Ebenen und der Wälder. Das Licht der Mittagssonne erdrückt die ganze Landschaft, verwischt die Berge, die nur noch ein Strich am Himmel sind. Ich sehne mich nach der Dämmerstunde, wenn der Schnee mit jenem sanften Glanz unter meinen Füßen leuchten wird, der unsere Herzen mit kindlicher Freude erfüllt. Dann strahlt die bei hellem Tage so traurige kleine Stadt wieder fröhlich wie ein Weihnachtsbaum im Girlandenschmuck ihrer erleuchteten Schaufenster und ihrer Häuser mit den rot und grün gestreiften Läden, die wie in Schneepapier eingewickelte Geschenke aussehen.

Das Zimmer, in dem ich schlafe, ist sehr schön in der Nacht, wenn das Mondlicht durch die Vorhänge dringt. Dann wird es sehr groß und sehr geheimnisvoll, ohne jedoch auch nur im geringsten erschreckend zu sein. So viele Menschen haben hier gelebt ... Es ist ein Raunen zahlloser Erinnerungen. Wie viele Liebesgedanken, Todesgedanken, Begierden, Berechnungen, Träume, Gebete ... Der Fußboden ist ganz weiß, die Wände auch.

Wäre ich hier die Gräfin, und hätte ich mein Schloß in eine Pension umgebaut, so würde ich meine Ahnen weggeschafft haben. Immerhin ist da einer im Speisesaal, der mich interessiert. Ein langes, aufmerksames Gesicht, das mich unter einer üppigen, gepuderten Mähne betrachtet. Er trägt den Orden vom Goldenen Vlies, seine Miene ist ernst, schmale Wangen, ein schöner Mund, große Augen, die nicht lächeln.

Im Sommer findet Kitzbühel seine weiten Wiesen wieder, den berauschenden Duft der Gräser und Heugarben, des Enzians und des Klafterholzes, die gefällten Baumstämme, die als Tränken dienen, den sich mit der stillen Melancholie der Berge aus den Höhen zu Tal senkenden Schatten, alles das, was der Winter mit einem Wink seines Zauberstabes verschwinden läßt.

Kopenhagen

Ein altmodisch möbliertes Hotelzimmer mit einer olivgrünen Portiere und einer Tischdecke, auf der man Tinte verschüttet hat. Der Hof ist dunkel und hallend; jede Viertelstunde schleudert der Rathausturm den Lärm seines Glockenspiels hinein. Ich bin in Kopenhagen.

In dem alten Wald, nicht fern von der Stadt, kann man, wenn man sich lange genug ganz still verhält, Rehe und Hirsche sehen, die sich scheu, in kleinen Gruppen, aus dem Schutz ehrwürdiger Eichen nähern. Sie recken den Hals, als sie mich erblicken, zucken mit einem Ohr, trauen der Sache nicht und entfernen sich im geräuschvollen Krachen brechender Zweige. Ich hatte mir das Buch *Hiob* in die Tasche gesteckt, aber ich hätte mir *Wie es euch gefällt* mitnehmen sollen, denn diese Szenerie ruft geradezu nach Shakespeareschen Versen. Es scheint mir, daß ich diese Vorliebe für den Wald und die Waldeinsamkeit seit meiner frühesten Kindheit empfunden habe. So lange ich zurückdenken kann, habe ich die Gegenwart der Bäume und das Rauschen des Laubs im Winde geliebt. Weder am Meer noch in den Bergen fand ich wirklichen Frieden; nur in den Wäldern. Und meine Lieblingsstädte waren immer von Wäldern umgeben.

Die etruskische Sammlung in der Glyptothek beeindruckte mich sehr. Herrliche Grabskulpturen und Kopien von Gemälden. Sie zeigen uns eine starke und zynische, selbstsichere Rasse, die sich keinen Illusionen hingab oder vielleicht nur der des Glaubens an ihre

Überlebenschancen, da sie den Eindruck erweckt, nie an der Dauerhaftigkeit ihres Bestehens gezweifelt zu haben. Nichts Geheimnisvolles in diesen Gesichtern, aus denen nur gesättigte Gefräßigkeit, kalte Berechnung, Kühnheit, zuweilen auch Wildheit und oft eine zwar kurzsichtige, jedoch kräftige Intelligenz sprechen. Ihre großen Augen scheinen nichts im Jenseits zu sehen. Kein Traum, keine Spur jener Unsicherheit, die den Menschen zur Größe anspornt und in Gefahr bringt. Sie waren Kaufleute und Soldaten, auch vortreffliche Künstler in der Art von Picasso. Mit ihren dicken Weibern, die zwei, drei oder vier Kinder wie Vierpfundbrote auf dem Schoß halten, ihren durchtrieben lächelnden Bankiers, ihren jungen feschen Reitersleuten stellen sie eine zwar beschränkte, aber solide Zivilisation dar. Und doch sind sie verschwunden. Sie hätten uns recht verweichlicht gefunden, mit unseren humanitären Gefühlsduseleien und unseren Zärtlichkeitsanwandlungen.

Im Tivoli. Eine riesige Menschenmenge lacht und applaudiert vor einer Bühne, auf der Akrobaten ihre Kunststücke vorführen. Der eine steht und balanciert auf einer dünnen Eisenstange, fünfzehn Meter über dem Boden, und zieht sich in dieser Stellung aus – einen Augenblick lang ist er nackt, nur noch eingehüllt in das blendende Scheinwerferlicht –, und dann kleidet er sich wieder an. Nach der Vorstellung eilt die Menge auf eine andere Freiluftbühne zu, wo Varietényummern dargeboten werden. In keinem Land habe ich eine so völlige Unbekümmertheit in bezug auf Zeit gesehen. Das fällt hier am meisten auf.

Ich habe eine kleine Wohnung in der Sankt Annae

Gade. Vom Balkon aus sehe ich den Glockenturm der sogenannten Erlöserkirche ganz aus der Nähe; und ich bin ihm so nahe, daß es mir scheint, ich brauchte nur den Arm auszustrecken, um ihn mit dem Finger zu berühren. Eine Wendeltreppe schlängelt sich um die steinerne Turmspitze. Als der Architekt sein Werk vollendet hatte, stellte er fest, daß diese Treppe sich in der verkehrten Richtung drehte. Darauf stieg er all die Stufen empor, kam ganz oben an und stürzte sich in die Tiefe.

Das Haus, in dem Kierkegaard von 1813 bis 1848 gelebt hat, wurde zu Beginn des Jahrhunderts niedergerissen. Ein Bankgebäude steht an seiner Stelle. Doch man schreie nur nicht gleich von Pietätlosigkeit. In Clermont-Ferrand wurde das Haus Pascals 1923 ohne triftigen Grund abgerissen, wie mir jemand erzählte, der aus dieser Stadt ist.

Was man hier eine *Party* nennt. Acht bis zehn Personen plaudern zwei Stunden lang in einem Salon. Es wird auch getrunken, natürlich immer gemeinsam und im gleichen Augenblick. »*Skaal!*«. Gegen elf Uhr abends begibt man sich ins Speisezimmer. Ein langer Tisch, an beiden Enden schwere Kerzenleuchter aus Kupfer oder Silber und dazwischen Berge von Gebäck. Ein ausgezeichneter Tee wird serviert. Die Konversation plätschert weiter und besteht ausschließlich, wie mir scheint, aus Klatsch. Es wird viel gelacht. Schließlich steht man vom Tisch auf. »*Tak for Mal.*« (Danke für die Mahlzeit!) Ein alter Herr setzt sich ans Klavier und singt schwedische Matrosenlieder. Ich blicke aus dem Fenster und sehe die hübschen Häuser von Nyhavn, grüne, rote, schwarze, ganz so wie Andersen, der dort wohnte, sie gesehen haben muß. Hinter mir wird weiter geplaudert und geschwatzt, in dieser Sprache, die sich anhört, als habe sie zuviel getrunken und kämpfe mit Mühe gegen einen Brechreiz an.

Leeuwarden

Als ich ein Kind war, träumte ich von gewissen Ländern und Städten, deren Namen mich in einen köstlichen Sehnsuchtsrausch versetzten. Der Name Edinburgh rührte mich zu Tränen; der Name Antwerpen bezauberte mich mit einer solchen Macht, daß ich lange zögerte, bevor ich mich in diese Stadt begab, weil ich fürchtete, enttäuscht zu werden. Und jetzt, da ich Antwerpen kenne und dieser Hafen so gut wie kein Geheimnis mehr für mich birgt, versuche ich manchmal, ihn in meinem Kopf so zu rekonstruieren, wie ich ihn mir als Zehnjähriger mit Hilfe der Silben seines Namens vorgestellt hatte.

Ein weiterer magischer Name war Friesland. Da mußte ich mich in einem Klassenzimmer im Lycée Janson langweilen, während es Leute gab, die in Friesland spazierengingen! Es wäre mir lieber gewesen, wenn man mir nie von diesem Land erzählt oder ihm wenigstens einen anderen Namen gegeben hätte. Nun gut, heute bin ich endlich in Friesland, in Leeuwarden! Wir sind in einem alten Hotel abgestiegen, dessen geräumige Zimmer auf einen langgestreckten, ruhigen Garten hinausgehen. Der Tisch, auf dem ich schreibe, ist mit grünem Plüsch bedeckt, wie vor hundert Jahren, und mir gegenüber steht ein großes Polstersofa, das einer Provinzlerin reiferen Alters ähnelt, die in einem ziemlich abgetragenen Ballkleid ein Schläfchen hält. Jede Stunde läßt das Glockenspiel einer Kirche nebenan eine kleine Melodie ertönen, die ich nicht kenne und die wahrscheinlich der Beginn eines Chorals ist.

Wir sind mit einem alten Holländer gesegelt; er hat uns die Handgriffe erklärt und uns dann die Führung des Bootes anvertraut. Robert zog auf der einen Seite und ich auf der anderen. Was uns wie eine leichte Geste erschienen war, die man automatisch ausübt, erwies sich als äußerst schmerzhaft, denn wir rissen uns die Finger wund, und unsere Hände schwollen und fühlten sich brennend heiß an. Auf der unendlichen Wasserfläche kein anderes Geräusch als das schwatzhafte Flüstern des Schilfs.

Weiße, sich im Winde neigende Segel, mit gelben Blumen übersäte Wiesen, Bauernhäuser, die unter der Last ihres Strohdachs in den Boden zu versinken scheinen, ein grenzenloser Himmel und die kleinen, wie von den Brüdern Luyken gezeichneten Städte des XVII. Jahrhunderts, das alles ist im Namen Friesland enthalten.

Hier bin ich vor ein wenig mehr als vierzig Jahren gewesen, auf dem Wege nach Amerika. Wir sind im Ritz und sehen von unseren Fenstern aus das breite Panorama einer amerikanischen Stadt mit ihren Wolkenkratzern usw., aber man hat doch den Eindruck, »*far from the madding crowd*« (fern von der tobenden Menge) zu sein. Die Mauern der Stadt sind wie ein langes politisches Haßgebrüll in den verschiedensten Tönen. Kommunisten und Sozialisten streiten und verabscheuen sich in riesigen Buchstaben, und die anderen Parteien der Mitte oder der Rechten tun das Gleiche. Davon abgesehen strahlt die Sonne schön, wärmt aber nur wenig.

Im Viertel der Kathedrale wirken die ein- bis zweihundertjährigen Häuser ein bißchen streng, aber die schmucken, verzierten Balkone trösten über die zu nüchternen und zu flachen Fassaden hinweg. Hie und da zwischen den Mauern wird plötzlich der Blick auf das unten liegende Meer frei, die *Meda de Palha**, wo die Schiffe im Gegenlicht wie violette Schatten im Sonnenstaub vorübergleiten.

Im Tavarès, einem Restaurant aus der Zeit um 1880, ganz in Wandspiegeln und rotem Plüsch, wie eine Opernloge, haben wir köstliche Dinge gegessen; vor uns eine Pyramide von Süßspeisen. Viele Leute und fröhliches Treiben, wie früher. Das Stadtviertel mit seinen steilen Gassen, den alten Häusern und den

* Strohmeer. So heißt die Bucht von Lissabon. (Anm. d. Ü.)

schmiedeeisernen Balkonen hat den sehr altmodischen Charme des Portugals von vor den politischen Umwälzungen bewahrt. Schwatzhafte Menschenmengen, Frühlingstemperatur, obgleich wir im November sind, mit einigen plötzlichen Windstößen, und die Lichter der Stadt sind weit genug voneinander gestreut, um geheimnisvolle Grauzonen zu lassen.

Auf dem Rossio sah ich das Hotel Frankfurt wieder, in dem ich im Juli 1940 eine Nacht verbracht hatte. Lastende Erinnerung. Das Hotel sieht bescheiden aus. Nur dieser Name war mir damals aufgefallen und unheimlich erschienen. Als ich in der Halle saß, kam ein kleiner Franzose auf mich zu, ein Kind, und sagte zu mir: »Ich bin Jude. Können Sie mir helfen?« Ich antwortete ihm, ich hätte kein Geld und wartete auf ein Schiff, das mich nach Amerika bringen würde, aber dann kam mir eine Idee. Ich ließ mir beim Empfang das Telefonbuch von Lissabon geben und sah unter Rothschild nach; es gab eine ganze Menge, ich wählte den ersten und rief an. Eine Dame meldete sich. Nachdem ich mich vorgestellt hatte, erklärte ich ihr genau, worum es ging. Kurzes Schweigen. Dann sagte sie: »Schicken Sie ihn zu mir, wir werden das Notwendige tun.«

In Sintra, in Klingsors Gärten, denn Wald und Täler scheinen zum Reich des Zauberers aus dem Parsifal zu gehören. Fabriken sind in den Waldungen verborgen. Eine Pinie zieht ihre Zweige in einer unglaublichen Krümmung vom Boden, wo sie aufs neue Wurzeln gefaßt haben, emporschießen und fast die gleiche Höhe wie der Mutterbaum erreichen. Ein seltsamer, irgendwie unheilvoll anmutender Anblick, weil so viel Wille in der Bemühung der Natur steckt. Die Bäume sind dick wie die Pfeiler einer Kathedrale. Der schlanke und leichte Stamm der Baumfarne trägt eine riesige Garbe großer und wie offene Sonnenschirme hängender Blätter. Fast überall plätschernde Bäche unter dem Laub oder im Sternenmoos. Man denkt an das irdische Paradies, wie es Hieronymus Bosch dargestellt hat. Ich kenne auf dieser Erde keinen Ort, der behexender und der Idee des vollkommenen Glücks näher wäre. Jeder Schritt ist ein neues Entzücken, denn bei jedem Schritt verwandelt sich diese wunderbare Szenerie und scheint sich selbst übertreffen zu wollen. Diese verführerische Macht ist unwiderstehlich, und man fühlt sich wie verzaubert. Ich sage nichts über das gegen Mitte des vorigen Jahrhunderts erbaute Schloß, eine Paarung von Häßlichkeit und Extravaganz, ein Salat aus Mittelalter, Orient und Renaissance, der nicht hierher paßt.

Von weitem gesehen ist Lissabon weiß und rosa, und die zarte Farbe der Dächer trifft man sonst in diesem Lande nicht an; meist ist sie zu grell rot. Um die Abenddämmerstunde verschmilzt alles und nimmt die Tönungen einer zu welken beginnenden Blume an, die Luft verliert ihre Durchsichtigkeit, ein leichter Nebelschleier verhüllt die unermeßlichen Weiten der *Meda de Palha*, die sich in der Nacht in Nichts auflöst. Wie soll ich die Anmut dieses pastellfarbenen Meers beschreiben? Und wie die Anmut der aneinandergereihten Häuser mit den schmalen Balkonen und den sich auf die Unendlichkeit öffnenden Fenstern in einer Landschaft, die von glücklicheren Zeiten spricht? Der natürliche Frohsinn der Einwohner, die Liebenswürdigkeit des Volkes, das Lächeln, alles ruft uns zu: »Komm wieder.« Und doch verbirgt sich hinter dieser

Freude eine angeborene Melancholie. Abends, im alten Lissabon, führt man mich an einen Ort unten in der Alfama, in der Nähe des Flusses, in einer steilen Stufengasse, weit fort von den üblichen Touristenlokalen, und dort höre ich die Fados. Es ist ein kleines Restaurant, wo die Portugiesen unter sich singen – genau gesagt singt sogar jeder für sich ganz allein, als ob die Musik ihm gestattete, sein Herz auszuschütten. Eine junge, sehr schöne Frau singt wie in einem Traum; ihr folgt eine Frau mit dem Gesicht einer zerbrochenen Statue, und ihre rauhe Stimme klingt plötzlich ganz zart, während sie immer wieder die gleichen Noten singt, wie ein Vogel. Von den drei Gitarren hat jede ihr Register, die eine tönt manchmal wie ein Cembalo, wenn sie die auf ein Zinkdach fallenden Regentropfen nachahmt, eine andere schlägt seltsam süße und schwingende Töne an, wie in Hawaii. Die Musik gleitet, bäumt sich auf, entführt uns in einen fernen Nebeldunst, den dann plötzlich ein heller Sonnenstrahl durchbricht.

Ich werde diese Stadt mit Bedauern verlassen. Von Zeit zu Zeit eine nicht besonders gut gesungene Internationale zu hören, ist nicht weiter schlimm; dieses Land liebt man sofort. Warum muß der Abschied so traurig sein? Du warst dort glücklich, aber *dort* bedeutet immer etwas, das man verlieren muß. Wenn man mit dem Flugzeug in Portugal ankommt, und auch wenn man es verläßt, fällt einem die Sanftheit des Lichts auf, das alle Farben des Bodens zu durchdringen scheint. Und die Sanftmut der Bewohner entspricht der äußeren Erscheinung des Landes und der Milde seines Klimas.

London ist das Ziel meiner allerersten Reise gewesen. Das war im Jahre 1905 und mit meiner Mutter. Ich erinnere mich nur noch, bei Freunden einen *Cake* gegessen und dem *Tower* einen Besuch abgestattet zu haben. Es war im Winter, ein starker Wind wehte, wir stiegen auf einen Söller und blickten auf die schwarzen Fluten der Themse hinab... Seitdem bin ich oft zurückgekehrt, manchmal nur ganz kurz, manchmal für mehrere Monate.

1936 machte ich folgende Eintragung in mein Tagebuch:

In London, wo ich einige Wochen zu verbringen gedenke. Der Salon, in dem ich arbeite, geht auf die Brompton Road hinaus. Vom Fenster sehe ich die schwarze Kuppel des katholischen Oratoriums und ein wenig weiter einen Glockenturm reinsten gotisch-viktorianischen Stils. Auf der anderen Straßenseite führt ein Gäßchen zu einem alten schattigen Friedhof; große Platanen tauchen ihn bei schönstem Sonnenschein in das Halbdunkel einer ländlichen Vorratskammer; die aufrecht in der Erde stehenden Grabsteine – einige leicht schiefwinklig – schimmern grau und grün, als ob sie lange auf dem Meeresgrund gelegen hätten. Die ganz verrußte und halb in einen Efeumantel gehüllte Kirche trägt zur zauberhaften Melancholie dieses Ortes bei.

In einem Restaurant in Soho hatte ich ein erstaunliches Gespräch mit einem Verleger. Er glaubt, in Frankreich könne nur der provokatorische und auffällige

Luxus der *jeunesse dorée* zu einer Revolution führen! Ich habe einige Mühe, nicht zu lachen. Dieser Mann bildet sich außerdem noch ein, daß die Franzosen keine Gebäude in Brand setzen würden, wie es die Spanier tun. Kurz, eine Revolution, die die Kunstwerke respektiert. Ich konnte es mir nicht verkneifen, »Und die Tuilerien?« zu fragen, obgleich es eigentlich zwecklos war. Erdrückende Langeweile während des ganzen Mittagessens.

Die *Adelphi Terrace* verschwindet, und mit ihr ein Stück englischer Zivilisation. In London ist alles bedroht, was nicht über hundert Jahre zählt. Man buddelt Straßen und Plätze auf, reißt Kirchen nieder. Ich weiß wohl, daß die Dummheit überall in Europa wächst und gedeiht, aber hier entwickelt sie sich zu einer nationalen Katastrophe. Wenn ich die Trümmer so vieler schöner Häuser in den Lastwagen der Abbruchunternehmer wegfahren sehe, sage ich mir, daß die Völker schließlich die Architektur haben, die sie verdienen, und daß sie ihre Paläste zerstören, wenn und weil sie ihrer nicht mehr würdig sind. Haussmann hat in Paris nichts anderes getan, denn manchmal muß man auch die Stadt von morgen bauen... und jedem morgen folgt dann wiederum ein anderes morgen.

In Chelsea. Besuch des Spitals, eines herrlichen Gebäudes von Wren. Alte Soldaten in blauen Tuchröcken wandern langsam durch die Gartenanlagen und suchen ein wenig Sonne. Die in gelben Stein gemeißelten Kettenmotive auf dem geschwärzten Backstein der Mauern wirken wie Uniformschmuck; zahllose schmale und strenge Fenster und sehr wenige Ornamente; diese langen Fassaden verdanken all ihre Schönheit einem auserlesenen Sinn für Proportionen und dem dieser Epoche innewohnenden Gefühl für das Majestätische. Ein leichter Dunst hängt in der Luft, setzt sich an den gelb werdenden Bäumen fest und verleiht der Landschaft ein unwirkliches Aussehen.

In Kenwood bei Hampstead Heath. Das anmutige Haus im neugriechischen Stil liegt über einem kleinen bewaldeten Tal. Eine kalte und schöne Residenz mit großen kahlen Räumen, in denen nur ein paar Stühle, ein Tisch und eine Vitrine stehen. Viele vortreffliche Gemälde von Rembrandt, Vermeer und Van Dyck. Ohne diese Bilder wäre es ein Haus, in dem sich ein Roman von Jane Austen hätte abspielen können. So feine und zerbrechliche Sessel, daß man sie nicht zu benutzen wagen würde, Kommoden, auf chinesische Art lackiert; da scheint es unvorstellbar, daß Leute inmitten so wohlerzogener Möbel in Wut geraten könnten. Draußen ein Wald. Und wir sind mitten in London.

An einem nebligen Tag gehe ich in ein Geschäft auf der Brompton Road, um mir ein Hemd zu kaufen. Der Verkäufer, ein weißhaariger Mann, erklärt mir, den wahren *Fog* gäbe es in London nicht mehr, seit sich die elektrische Heizung verbreitet habe. Zu seiner Zeit, sagt er, sei der Nebel so dicht gewesen, daß man sich auf der Straße immer an den Häuserwänden hielt; oder aber man wandte sich an einen der zahlreichen Blinden, denen man hier begegnet, und die, da sie nicht zu sehen brauchen, um sich zu orientieren, eine äußerst kostbare Hilfe waren, sofern sie ihr Stadtviertel gut kannten.

Mit dem Kunstsammler Flechtheim bei den Ringkämpfen im West End. Dieser Sport übertrifft an

Rohheit alles, was ich mir vorstellen kann, denn nach einigen Minuten verwandeln sich die Ringer in Tobsüchtige und denken sichtlich nur noch daran, ihren Gegner umzubringen. Ich weiß, daß viele dieser Kämpfe *fingiert* sind, aber die, die ich gestern sah, schienen mir echt zu sein. Im ersten messen sich zwei junge Männer, von denen der eine versucht, den anderen zu erwürgen, und als der Schiedsrichter eingreift, stürzt sich der Würger auf ihn, reißt ihm das Hemd vom Leibe, und die Fetzen fliegen. Der Schiedsrichter ohrfeigt ihn aus Leibeskräften, doch angesichts der Wut, die diese Geste auslöst, springt er über die Seile und flüchtet durch den Saal, verfolgt von dem Ringkämpfer, der inzwischen wahnsinnig geworden zu sein scheint. Wenn das alles gespielt ist, dann ist es nicht schlecht gespielt. Flechtheim erklärt mir, daß man diese Art von Tobsucht, von der ich ein recht gutes Beispiel gesehen habe, *wrestling intoxication* nennt, und er fügt nicht ohne Stolz hinzu, daß der englische Ringkämpfer viel brutaler als der französische ist. Danach erscheint ein hünenhafter Bursche mit dem Lockenhaar eines griechischen Gottes im Ring. Ein ehemaliger *Policeman*... Er tritt gegen eine Art von Stier an, einen schwergewichtigen und untersetzten Kanadier, der ihn fast sofort zu Boden wirft, ihn mit seinen kräftigen Beinen in die Zange nimmt und zermalmt; die Schreie des Opfers übertönen das Brüllen der Menge. Endlich macht sich der Engländer frei, springt auf und schreitet wie mit der Entschlossenheit, die öffentliche Ordnung wiederherzustellen, auf seinen Gegner zu; seine schönen dunkelblauen Augen funkeln zornig, aber seine Selbstbeherrschung ist vollkommen. Er packt den Kanadier bei der Taille, schlägt ihn zuerst sehr kräftig auf die empfindlichste Stelle, wuchtet, gleich einem Samson, den vor Schmerz und Haß heulenden dicken Rohling empor und schleudert ihn mit aller Kraft zu Boden...

Mittagessen bei Stephen Courtauld, in seinem Haus am Portman Square. Die Zimmerdekoration beschränkt sich auf feine Goldstreifen längs der Türen und Decken. Die Eleganz dieses Hauses und die Schlichtheit im Raffinement seiner Proportionen sind von unvergleichlicher Schönheit. Im Speisezimmer hängt die *Bar der Folies-Bergère*, und ich habe Mühe, während der Mahlzeit die Augen davon abzuwenden. Was mich so fasziniert, ist nicht nur die Qualität dieses wunderbaren Gemäldes, sondern auch das Rätsel des Spiegels, in dem sich eine Person reflektiert, deren Rücken wir ganz vorn im Bild sehen sollten, die aber nicht vorhanden ist... Im Salon *Die Loge* von Renoir und fünf herrliche Seurats...

In Keats' Haus in Hampstead. Es ist klein, weiß, liegt ein wenig abseits, wirkt sehr gut gepflegt. Ein so friedliches Zimmer mit einem Himmelbett und geblümten Vorhängen, das Fenster mit Blick auf den Garten, das ist der Rahmen eines Lebens, das köstlich hätte sein können, wenn da nicht Fanny Brawne gewesen wäre, mit der man den Garten teilt, und der lauernde Tod. Im Erdgeschoß der stille Salon, wo Keats stundenlang zu lesen pflegte, regungslos wie »das Porträt eines lesenden Mannes«. Das Haus ist von Vogelgesang umgeben.

Ich bin seit dem Krieg nicht mehr hier gewesen und freue mich, das Land, dem ich so viel schulde, wiederzufinden. Wir wohnen im Sumner Place, einer hübschen, von kleinen weißen Häusern mit Säulenfassaden gesäumten Straße. Auf den ersten Blick scheint hier alles glücklich und froh oder zumindest ruhig zu sein. England am Rande des Abgrunds? Das ist gar nicht so sicher. In den vielen Gärten hier in South Kensington erblickt man nicht selten eine dicke Katze, die auf ihrem Kissen mitten auf dem Rasen schläft. Vorhin haben Eric und ich im dritten Stock eines Hauses eine schlanke und furchtlose alte Dame gesehen, die auf dem sehr schmalen Sims eines Fensters ohne Brustlehne lag, ohne irgend etwas, das sie am Fallen hindern könnte, und die seelenruhig ihre Zigarette rauchte. Man wäre versucht, in ihr ein Symbol des heutigen England zu sehen.

Ich hatte den *Temple* vor dem Krieg gesehen und ihn mir seitdem in bewundernder Erinnerung bewahrt. Im Geiste sah ich noch die Grünflächen zwischen den Reihen pflaumenfarbiger Backsteinhäuser, und in alledem lag eine unbeschreibliche Poesie von Stille, Ruhe und Einsamkeit. Der Krieg hat das Aussehen dieses Ortes verändert, die Kirche wurde dem Erdboden gleichgemacht, dann aber mit vielen alten Steinen restauriert, nicht ohne Geschick und auch nicht ohne Liebe. Nur ein erfahrener Blick könnte erkennen, was fehlt und was neu ist. Einige der einst mit Gras überwachsenen *Courts* sind heute gepflastert, eine gewisse Anzahl Häuser sind wiederaufgebaut oder repariert worden, aber der Gesamtaspekt bleibt wunderbar. Es fehlt nur der undefinierbare Charme des alten *Temple*. So wie Dickens ihn gesehen hat. Es ist ein großer

Traum, an den London sich zu erinnern versucht und sich nur bruchstückweise zu erinnern vermag. *Lincoln's Inn Fields* hat weniger gelitten. Diesen breit angelegten geschlossenen Platz mit den dunkelroten Häusergruppen um riesige Rasenflächen, im Schatten alter Bäume, deren Äste sich frei und weit ausstrecken, ohne daß jemand sie anzurühren oder – wie in Paris – zu stutzen gedenkt, kann man nicht ohne Bewunderung betrachten.

In der *National Portrait Gallery* sah ich eine sehr treffende Darstellung der Menschen Englands von der Reform bis heute. Diese wilde Energie der Reformatoren – mußte es ihnen da nicht gelingen, ihre Ansichten durchzusetzen? Eine Büste des armen Eduard VI., ein Zierpuppengesicht mit fanatischen Glotzaugen. Mit der Ernsthaftigkeit des XVII. und der Schalkhaftigkeit des XVIII. Jahrhunderts und überall dem Willen zu wachsen und zu herrschen, blickt uns die ganze Seele Englands aus diesen Gesichtern an, auf denen der Mut und der Stolz triumphieren. Man sieht es sowohl in den scharfen Raubvogelaugen einiger Protestanten Elisabeths als auch im Monokel Joe Chamberlains . . .

In der *City* ganz oben auf dem Turm einer Ölfirma, im einundzwanzigsten Stockwerk, von wo ich ein mir bisher unbekanntes London sehe. Die Stadt ist nach den Bombenangriffen fast vollständig wiederaufgebaut. All diese Hochhäuser! Sind wir in Europa oder in Amerika? Es entbehrt nicht einer gewissen Schönheit, es ist die Welt von heute, unter der die von gestern erstickt. Welch eine Riesenmacht das alles darstellt, aber in wessen Hände wird sie gelangen? Das frage ich mich. Im Konferenzzimmer steht ein Tisch, dessen

Ausmaße alle Vorstellungen übertreffen; er ist rund und sieht so groß wie die Place de Fürstemberg in Paris aus.

Am Abend haben wir in einem Garten in der Nähe des Hauses von Carlyle lange einer Drossel gelauscht, die wir auf dem Ende eines schwarzen Zweigs sitzen sahen. Ihr Gesang, ihre Rufe, viermal der gleiche, fast schrille Ton, dann ein kurzes Flöten, das bald Frage, bald Antwort ist, der Zauber dieser Musik unter dem Frühlingshimmel, im leuchtenden Grün, aus den Tiefen einer großen Stille ... Und im Garten darunter sind die Blumen des schmalen Mischbeets ganz schwarz geworden, verbreiten jedoch einen köstlichen Duft.

Ich habe mir eine Gruppe von Häusern nicht weit von der Brompton Road angeschaut. Im Dämmerlicht sind sie mir besonders schön erschienen, von einer romanhaften Schönheit, mit ihren brandig roten Ziegelfassaden und ihren in den verschiedensten Farben gestrichenen Eingangstüren. Hinter einem Vorhang aus Paulownien und Kastanienbäumen beobachteten sie mich aus ihren schwarzen Fenstern, ohne auch nur etwas von ihrem Geheimnis preiszugeben. Ich muß sagen, daß sie so unheimlich aussahen, wie man es sich nur wünschen kann, und ich gab mich mit einem gewissen Vergnügen ihrer Behexung hin.

Wenn ich meine Londoner Erinnerungen aufzähle, muß ich an den Koffer meines Vaters denken, der von Etiketten überklebt war; Istanbul, Rom, Prag, New Orleans usw. Ich könnte nicht aufhören, die London zu beschreiben, die ich gesehen habe, *meine* London. Zahllose Bilder steigen in meiner Erinnerung auf, von jenen Tagen im Jahr 1905 an, als ich meine Mutter auf der windigen Esplanade des *Tower* eine Haarsträhne unter ihrem Hut richten sah, bis zu den Tagen meiner Spaziergänge mit André Gide in Belgravia und Chelsea, des Abendessens bei Vyvyan Holland, dem Sohn Oscar Wildes, des Morgens in Edgerton Gardens, wo ich einen Roman schrieb, und der Wanderungen in Kew Gardens, in Dullwich, in Richmond, wo sich meine Schritte von 1976 mit denen des jungen Mannes kreuzten, der ich dort fast ein halbes Jahrhundert früher gewesen war.

Die Stadt ist völlig von dunkelroten Festungswällen à la Vauban eingeschlossen. Aber diese stammen zum großen Teil aus dem XVI. Jahrhundert, und man hat sich die römischen Mauern zunutze gemacht, um die kleine Stadt mit niedrigen Befestigungen voller Scharten, Redouten und Vertiefungen zu schützen. Angesichts der hohen Bäume und der von Gras überwachsenen Gräben, die Lucca von der Außenwelt absondern, glaubt man, mit der Stadt ein anderes Jahrhundert zu umwandern.

Zur Zeit Roms stand hier ein großes Amphitheater, aus dessen vollkommenem Oval der heutige Marktplatz geworden ist. Die ihn umgebenden, auf den Stufenplätzen erbauten Häuser sind in ziemlich lebhaften Farben gestrichen, jedoch bereits verwittert und schmutzig. Hier lebt das Elend, aber die unbesiegbare Sorglosigkeit der Armen zeigt sich auch in der vielfarbigen Wäsche, die vor den Fenstern zum Trocknen hängt. Von Zeit zu Zeit läßt sich die Sonne sehen, und in den engen Gassen liegt der Müll aus, wie die Tierinnereien und Abfälle in einer schlechtgeführten Metzgerei. Die Tür eines großen Backsteinhauses steht offen, und wir entdecken eine herrliche Treppe mit florentinischen Loggien, aber vor allem einen Statuengarten, der in einem kleinen Nymphentempel endet, wo die Zeit plötzlich nicht mehr existiert. Wo sind wir? In Italien? Gewiß, aber wann?

Wir brechen im Regen zu den waldigen Hügeln auf, die sich bis zu siebenhundert Meter erheben. Zwischen den Bäumen schimmert ein vulkanischer See, ein Gewitterlicht durchzieht die ganze Ebene mit grellen Streifen, Lucca liegt im fernen Dunst, und der sich windende Serchio glitzert zuweilen wie eine Blindschleiche...

*»Was, zum Teufel, suchte er auf dieser Galeere?«** scheint mir heute eine sehr berechtigte Frage. Warum bin ich hierher gekommen? Welcher Satan hat mir diese Idee eingegeben? Die graue Woge, auf der wir schweben, macht mich seekrank. Von der Höhe der Zinnen aus scheint mir die Welt so scharf und fern zu sein wie durch das falsche Ende eines Fernrohrs gesehen. Pygmäen sitzen an Tischen von nicht einmal Kragenknopfgröße, eine Blaskapelle aus putzig kleinen Bleisoldaten sendet winzige Musikexplosionen himmelwärts... Wir stehen auf dem *Duomo*, und sein graues Dach möchte uns auf den Platz hinunter abschütteln. Ganz Mailand liegt zu unseren Füßen. Man sagt mir, diese Funken dort in der Ferne seien die Schneegipfel der Alpen. Bevor wir uns weiter in diesen Schwindelrausch begeben, kehren wir zum Fahrstuhl zurück. In seinem Betonschacht bringt mich der Bruder dessen, der mich in Falun in den Schoß der Erde geleitet hatte, auf ebenen Boden zurück, auf den Domplatz, wo die Fassaden sich die großen Arien Aidas entgegenschmettern. Die *Galleria* ist wieder die *Galleria* und kein Katzenloch aus dem Lande Liliput mehr; es ist beruhigender, unter diesem großen Glaszelt zu wandeln als dort oben, wo die höchste Turmspitze über die Herde der vielen wie gotische Schafe gekräuselten Strebe- und Spitzsäulen wacht.

Um uns von diesem Schreck zu erholen, begeben wir

* Zitat aus Molières *Fourberies de Scapin* (Akt II, Szene VII), das sprichwörtlich geworden ist. (Anm. d. Ü.)

uns zu Biffi, *Biffi alla Scala*, eines der seltenen, wirklich verführerischen Restaurants, die das Auge ebenso wenig wie der Gaumen vergißt. Breite Sitze, der riesige, mit Obstpyramiden beladene Tisch, ein durch Jalousien gefiltertes Licht, Blumen, kurz, die Atmosphäre eines Soupers in den Zaubergärten der Armide, aber im Stil Napoleons III.

Das letzte Mal war ich im Juni 1968 hier gewesen. Schon damals hatte mich die Schönheit des Doms sehr beeindruckt. Die geheimnisvolle Art, auf die das Licht sich in den Zonen des Halbdunkels verliert, die Unermeßlichkeit der Gewölbe, der Pfeiler, des Raums, die acht oder zehn violett gekleideten Prälaten. Draußen eine Messe im Freien, die Worte übertönen alles Geräusch, die Sätze der Segnungen schweben über einer Menge schweigender Demonstranten. Fahnen, Soldaten, Gewehre, Veteranen der beiden Weltkriege, und in alledem eine gewaltige Opposition gegen den Unglauben. »Aber«, hatte mir Piovene* erklärt, »wenn Italien kommunistisch werden sollte, würden auch die Kommunisten zur Messe gehen.« Als ich ihm beim Mittagessen gestand, daß ich oft, gerade wenn die Umstände des Lebens es erforderten, nichts zu sagen wußte, und daß ich mehr Treppenwitz als Schlagfertigkeit besäße, schaute er mich mit der typisch spöttischen Ernsthaftigkeit eines Italieners an und sagte: »Für den Vater der Adrienne Mesurat ist das doch ganz natürlich!«

Am Nachmittag hatte ich einen langen Spaziergang in dem riesigen zoologischen Garten gemacht... Auf

* Guido Piovene (1907–1974), ital. Journalist und Schriftsteller. (Anm. d. Ü.)

einer Bank sitzend, höre ich plötzlich schreckliche Schreie und sage mir: »Hier, wie in Paris, haben sie ihre Aufstände.« Ich stehe auf und gehe in die Richtung, aus der das Gebrüll kommt. Es sind Seelöwen, die gefüttert werden wollen, aber von weitem war die Illusion vollkommen.

Die unvollendet gelassene Pietà Rondanini von Michelangelo im Castello Sforzesco. Die Beine allein drücken das ganze Leid aus. Das Antlitz der Maria beherrscht diese Schmerzensmasse, es ist erhaben, traurig, machtvoll. *Virgo potens*. Ein Christus aus dem XIV. Jahrhundert von einem unbekannten Künstler. Er ist ganz einfach ein Mensch, den man zu Tode gepeinigt hat, und sein Gesicht ist das Gesicht der gesamten Menschheit, ohne jede Rhetorik, ohne jede theatralische Emphase, das schönste, das ich gesehen habe.

Ich erinnere mich noch an diese Stadt an einem Dezembertag im Jahre 1917, als ich mich an die italienische Front in die Nähe von Treviso begab. Vor dem Morgengrauen irrte ich mit meinem Tornister auf dem Rücken in den finsteren Straßen dieser riesigen Stadt umher. Da mir – wie noch heute – aller Orientierungssinn fehlte, hatte ich mich verlaufen. An einer Straßenecke sprach ich schließlich einen bäurisch gekleideten Greis an und fragte ihn nach der Via Solferino. »La Via Schulferino?« wiederholte er. Dann wies er mir den Weg mit Gesten, die ich verstand, und im elektrischen Licht einer riesigen Garage voller Ambulanzwagen fand ich meine Kameraden wieder. Welch ein seltsames Gefühl, nach so vielen Jahren die gleichen Straßen zu durchwandern. Es mag sich noch so vieles geändert haben, etwas bleibt doch, etwas, das nichts auslöschen kann, weder das Licht der Sonne noch die Passanten: Der Schatten dessen, der man war, und der noch einmal seinen Weg in unserer Erinnerung zurücklegt...

Im großen öffentlichen Schwimmbad, wo ich zwei Stunden lang träumte. Über den Kabinen ragt ein veilchenblauer, mit einer dicken weißen Wolkenmütze bedeckter Berg empor. Beim Anblick all dieser so glücklichen, sich herumtummelnden oder faul in der Sonne liegenden Leiber fiel mir einmal mehr auf, wie keusch die Nacktheit ist, und damit war ich wieder bei der beunruhigenden Frage des Körpers und der Seele angelangt. Man redet vom Körper *und* der Seele, als ob der Körper der Behälter und die Seele der Inhalt wäre, als ob die beiden sich nach Belieben trennen könnten, sich voneinander unterscheiden, während sie sich doch meist miteinander vermengen und ein wenig wie der Schlamm sind, in dem Wasser und Erde eine einzige Masse bilden. Es gibt zwischen ihnen keine erkennbare Grenze, jedenfalls keine, die nicht jeden Augenblick und so oft übertreten wird, als existierte sie nicht. Man gelangt zur Seele durch den Körper und zum Körper durch die Seele, und darin liegt das ganze Drama des Menschseins, das uns zu so geheimnisvollen Wesen macht.

Besuch in der kleinen Burg, die aus dem XVI. Jahrhundert stammt. Von Gräben und Gärten umgeben, liegt sie eingeschlossen im Hof einer traurigen Kaserne. Es ist eine Burg im Taschenformat, mit hübschen Ziegeldächern, und so gotisch wie möglich. Man läutet an einer großen Tür, in welcher sich eine viel kleinere, einem Katzenloch ähnliche Tür öffnet. Der Wärter, ein winziger Greis in kurzen Hosen, führt uns von einem

Zimmer ins andere und behauptet, sein Castelletto sei in Wirklichkeit sehr groß. Er ist ein Zwerg, wie aus einer Erzählung von Hoffmann, er hüpft herum und erklärt alles in einem näselnden Italienisch. Die Säle, die er uns zeigt, sind von unerträglicher Melancholie, und selbst das Licht dringt nur ungern ein, wirft hie und da einen Fleck auf den Ziegelkachelboden, wie man einem Armen eine Kupfermünze hinwirft. Das Schlafzimmer mit dem großen Bauernbett, in dem Maximilian mit Bianca Sforza schlief; ein Musikzimmer mit Lauten und Gamben, vom Ruß und Staub der Jahrhunderte bedeckt, auf dem Boden und an die Wände gelehnt; ein Raum, in dem Schach gespielt wurde; eine schmale und enge Küche mit einer Reihe verrosteter Kerzenleuchter auf einer Fensterbank; überall winzige Fenster in dicken Mauern; eine bezaubernde kleine Kapelle, von der aus die Seele zuweilen der Trübsal entschlüpft sein muß. Man hat den Eindruck, daß hier der Tod und die Neurasthenie in Schleppenkleidern von Zimmer zu Zimmer gewandert sind.

Irgendwann zieht unser Führer ein riesiges Taschentuch hervor, faltet es sorgsam auf, ohne Eile, steckt die Nase hinein und läßt plötzlich einen sehr hohen Ton vernehmen, der die Echos dieses unheimlichen Ortes weckt. Dann geht die Führung weiter, weil es noch viel zu sehen gibt. Bevor ich ihn verlasse, sage ich ein paar Worte auf Deutsch zu ihm, und sein Gesicht strahlt auf. Auf viel ungezwungenere Art erzählt er mir empört von den blöden Faschisten, die im Sommergarten der Statue der Kaiserin Elisabeth den Kopf abgeschlagen haben.

Der Sturzbach, die Passer, macht einen solchen

Lärm, daß ich zuerst glaubte, dieses tosende Rauschen, das mich früh morgens aufweckte, nie ertragen zu können, weil ich mir einbildete, Schreie zu hören, aber ich gewöhne mich doch an das ewige Sprudeln dieser grünen Wasser mit weißem Spitzenbesatz.

Für Meran empfinde ich eine besondere Zärtlichkeit, aber ich kehre nie, selbst in der Erinnerung, dorthin ohne Betrübnis zurück; mit seinen Weinberggirlanden, Obstgärten und Promenaden am Sturzbach entlang spricht alles in diesem glücklichem Tal zu mir von dem, was nie, nie und nimmermehr wieder sein wird.

Diese Stadt, an die mich eine Fülle von Erinnerungen bindet, ist von Trümmern übersät. Sie erscheint mir wie das Gedächtnis eines alternden Mannes. Hier, wo einst ein Palais, dort, wo einst eine Kirche stand, sind jetzt Ruinen. Vom Residenztheater stehen nur noch die Säulen des Portikus und ein kleiner verkohlter Mauerrest, von dem sich ein Plakat löst. Dahinter erstreckt sich eine Schutthalde oder eher ein Platz, der aussieht, als hätte man dort sorgfältig Schutt aufgestapelt. Die Ruinen von München sind grauenhaft. Alle plötzlich verheerten Städte sind einfach abscheulich, ob Hamburg, Bremen oder Le Havre. Schön kann es nur sein, wo die Steine einzeln unter der Last der Jahre zerbrökkeln, wenn Gras darüberwächst und die Sonne das Ganze vergoldet. Aber an den riesigen, geschwärzten Trümmern, die heute einen ganzen Teil Europas bedekken, kann ich nichts Schönes finden.

Überall wird gearbeitet. In der ganzen Stadt hört man es hämmern. Ich mußte deshalb schon einmal das Zimmer wechseln. Diesen Wiederauferstehungswillen kann ich nur bewundern.

Heute früh in den Ruinen der Glyptothek, um den *Barberinischen Faun* zu sehen, den einzigen Bewohner dieses riesigen zerstörten Museums. Man muß der Eisentür kräftige Fußtritte versetzen, bis man vom Wärter gehört wird, aber der Faun läßt sich nie aus seinem Zauberschlaf wecken, den er seit so vielen Jahrhunderten schläft. Man durchquert große Säle, über denen der Himmel gähnt und deren Wände noch die Spuren der Flammen tragen. Der Faun befindet sich in einer Ecke unter einer Art von kleinem, aus Brettern zusammengezimmerten Schutzdach. Er ist vom Schlaf betäubt und wie erschlagen. Es ist kaum möglich, von dieser Statue zu sprechen, ohne in einen Lyrismus zu verfallen, der mir nicht liegt. Die Kopie, die Bouchardon von ihr gemacht hat, fand ich dagegen immer ziemlich langweilig. Es ist die sinnlichste aller Statuen und auch die schönste griechische Skulptur seit den Kuroi der Frühzeit. Nichts gemein mit den kräuselhaarigen Apollos und den frigiden und aseptischen Göttinnen der Klassik. Ein Faun aus dem Gefolge Bacchus'? Die beiden Beulen könnten Ansätze zu zukünftigen Hörnern unter den Stirnlocken sein – obgleich sie möglicherweise nur eine stark ausgeprägte Sinnlichkeit andeuten –, aber es ist vor allem der Mensch, der so natürlich scheint, als habe er sich plötzlich in Marmor verwandelt, und als sei in diesem Marmor noch die Wärme des Fleisches zu spüren. Der breite Nacken, die Glieder, die Wangen, der Mund, alles glänzt. Seine Verlassenheit mag gewaltsam sein, aber der Besiegte ist nicht er, sondern die Liebe, die ihn in voller Erregung geschlagen hat und der es nicht gelungen ist, diesen schweren, erschöpften Körper in die Gärten des Schlafs zu schleppen, so daß sie ihn dort, wo ihn der Blitz mitten im Rausche seiner geheimen Freuden getroffen hat, liegen lassen mußte. Überall ringsherum tiefes Schweigen und Einsamkeit.

Ich erinnere mich meiner Besuche vor dem Krieg, und ich habe den Eindruck, heute in einem seltsamen Traum zu wandeln, wie jene Romanfiguren eines kleinen deutschen Romantikers, die an einen Ort zurückkehren, wo sie noch vor Stunden gewesen zu sein glauben, während in Wirklichkeit Jahrhunderte vergangen sind.

Mykene

An einem schönen Spätnachmittag im Herbst erblicke ich endlich diese Stadt, die aus der vorgeschichtlichen Zeit zu stammen scheint. Nach der barbarischen Größe des klassischen Griechenland finde ich hier die Festung eines unbezähmbaren Volkes. Wir verlassen die Straße und begeben uns bald darauf in einen breiten, mitten in einen kleinen Berg gegrabenen Durchgang. Rechts und links Mauern aus grobem Fels, zuerst ziemlich niedrig, dann allmählich ansteigend bis zu einer Höhe von sechs bis acht Metern; ganz hinten eine hohe und rechtwinklige Öffnung, die wie der Eingang zu einer unheilvollen Welt der Finsternis aussieht. Auch ohne sich an den *Agamemnon* von Aischylos zu erinnern, errät man sofort, daß man in das Herz der Tragödie dringt. Es bleibt gerade genug Licht, um zu sehen, daß wir uns unter einem Gewölbe befinden, welches die Form einer Mitra hat, einer riesigen Mütze, die nur Dunkelheit und Leere bedeckt.

Es herrscht eine gebieterische Stille, die man kaum mit einem Flüstern zu stören wagt, und in alledem liegt etwas, das man als faszinierend empfindet, weil es zugleich Unbehagen und Neugier erregt, aber das ist noch nichts im Vergleich zu einem noch tieferen, völlig finsteren Eingang am Fuße einer Mauer. Es gibt also noch einen anderen Saal, in den sich zu wagen man keinerlei Lust verspürt, denn dort wohnt nun wirklich das Grauen. Ein Liebhaber des Übernatürlichen hätte vielleicht den Wunsch, wenigstens ein paar Schritte hineinzugehen, aber ich nicht, ich verweile auf der

Schwelle dieses Dunkels, in dem sich der Blick verliert. Eric ist jedoch eingetreten und stößt sich sogleich an einem sargförmigen Steintrog. Das Zündholz, das er reibt, flammt nicht auf, weil die Luft viel zu stickig ist. Er verläßt diesen Ort mit dem starken Gefühl – so sagt er – einer feindseligen Gegenwart. Man nennt das Ganze den Schatz der Atriden oder das Grab des Agamemnon, was die Wahl zwischen verschiedenen Alpträumen offen läßt. Die Nacht bricht ein. Ich frage mich, ob ich, falls mein Leben davon abhinge, den Mut hätte – oder, um in der Sprache dieses Schreckensortes zu reden, die *Hybris* besäße –, mich hinzulegen und zu schlafen. Ich glaube, ich könnte es nicht. Lassen wir den empörten Schatten des ermordeten Königs in Frieden ruhen. Draußen ist die Luft frisch, und das Leben erscheint all jenen süß und köstlich, die sich vorstellen können, daß sie aus einem Vorraum des Hades kommen.

Nicht weit von dort, auf der anderen Seite der Talmulde, schläft die Mörderin. Ihr Grab ist nicht so majestätisch wie das ihres Gemahls, aber beide haben etwas gemein, über das zu lächeln ich mich nicht enthalten kann, nämlich daß der breite Korridor, der, wenn ich so sagen darf, zu ihnen führt, jeweils vor einer hohen Öffnung endet, die zum Eintreten geradezu einzuladen scheint. Treten wir also ein. An den Wänden einige Spuren grünspaniger Türangeln; die Türnägel waren, wie es scheint, aus Gold. In diesem wie von einer Kuppel überdachten Viereck sieht man einander kaum noch, denn das Licht ist hier nicht weniger schwarz als beim Gemahl, und man denkt an die fühlbare Finsternis, die Ägypten zur Zeit Moses' heimsuchte. Man denkt an alles mögliche. Vielleicht sollte man sich, um die Gedanken zu entwirren, mit Hilfe der Phantasie in eine der kleinen christlichen Kirchen der römischen Campagna versetzen, in deren Mauern ein göttlicher Friede wohnt, während man hier das Gefühl hat, an einem Ort der Hölle zu sein.

Dank einer Art von Familienarrangement ruht der Komplize der Frau mit der Axt ganz in der Nähe. Ja, auch Aigisthos hat seinen kleinen Höllenwinkel mit Korridor und einladender Tür. Ich kenne keinen Ort auf Erden, an dem sich die Erinnerung des Verbrechens so tief verankert hat wie in diesen drei Gräbern. Es fehlt ihnen gewiß nicht an Größe, aber gegen Tagesende, im zögernden rötlichen Licht, sind sie beunruhigend.

Und oberhalb dieses Totenfeldes ragen die Überreste einer Burg empor, die nichts von ihrer furchteinflößenden Macht verloren hat und deren Mauern sich so vollkommen in die Zerklüftungen des Berges einfügen, daß man schon ziemlich nahe sein muß, um zu erkennen, was zu was gehört. Das Tor dieser Akropolis ist breit, quadratisch und wie in eine Vertiefung der Bastion hineingepreßt. Zwei riesige Löwinnen, heute ohne Köpfe, aber immer noch bedrohlich, recken sich auf einer Oberschwelle empor, deren ungeheure Ausmaße überraschen. Durch welchen Kunstgriff, durch welche magische Handlung konnte dieser gewaltige Klotz dort hinaufgehievt werden? Die Steine der Mauern geben ähnliche Rätsel auf. Wir befinden uns vor einer Gigantenarchitektur von erdrückender Majestät. Sind wir so weit entfernt vom lieblichen Argos? Es liegt hinter uns, das in seiner Kraft so ruhige Griechenland der Pallas Athene, mit seinen eleganten Säulen und seinen ebenmäßigen Göttern, deren Blick leer ist, und die, von hier aus gesehen, so harmlos wie entkleidete Puritaner wirken. In Mykene irren wir im Bereich der wilden Leidenschaft herum. Die die Ruinen besänftigende Zeit hat diesen hier ihre bedrohliche Schönheit und ihren sozusagen bösen Ausdruck gelassen. Von den beiden Gesichtern Griechenlands ziehe ich das gewaltsame vor.

Innerhalb der Zitadelle steigen wir Stufen hinan und hinab. Hier war ein Palast, dort Zisternen, dort Vorratsspeicher, und am Fuße einer Rampe das von Schliemann entdeckte Schachtgräberrund. Überall bewegen wir uns auf dem Gebiet des Todes.

Um zur unterirdischen Quelle zu gelangen, müssen wir in die Finsternis hinabsteigen. Wohin wird sich dort unten der Gang wenden, zu welchem Höllentor, wo man den Atem eines der Köpfe des wachsamen Cerberus zu vernehmen vermeint? Wenn man das Alter der Gräber studiert, so werden mir die Gelehrten sagen, daß das des Agamemnon bereits vor der Regierungszeit dieses legendären Königs existiert hat und wahrscheinlich einem seiner Ahnen gehört, vielleicht Atreus, aber wir sind immer noch in der gleichen Familie, und die blutigen Abrechnungen spielen sich nur zwischen anderen Familienmitgliedern ab. So wäre also Agamemnon in der gleichen Kammer mit seiner Mörderin beigesetzt. Von Jahrhundert zu Jahrhundert haben Plünderer diese Gräber heimgesucht, um das Gold zu stehlen, aber welches Entsetzen und welches Grauen muß sie seitdem verfolgt haben? Und ich stelle mir die Begegnung zwischen den Lebenden und jenen mit Juwelen behangenen Gebeinen, deren Besitz ein finsterer Fluch anhaftete, im Schein der Fackeln vor. Wer weiß, ob nicht einige der Diebe dort unten vor Schreck gestorben sind und ob ihr Staub sich nicht mit dem des Bodens vermengt hat?

Spaziergang in einem entsetzlich traurigen und schmutzigen Viertel der Stadt. Vermutlich sind diese Straßen im Auge eines Malers sehr schön, aber der bloße Gedanke, daß Menschen gezwungen sind, inmitten von Abfall und Unrat zu leben und zu atmen, tut mir weh. In den schwarzen, mit Lumpen überhangenen und mit Müll übersäten Straßen habe ich Kinder um eine Art von Kehrichtkübel sitzen sehen, in dem etwas, ich weiß nicht was, brannte. »Sie frieren«, erklärt mir mein Freund Alberto, »weil sie nicht genug zu essen haben.« Einer von ihnen, der uns französisch sprechen hört, blickt uns aus einem Engelsgesicht an und lächelt.

Ein wenig später treten wir in eine kleine Kirche ein, wo gerade die Abendandacht abgehalten wird. Es ist so voll, daß wir uns kaum hineinzwängen können. Stikkige und übelriechende Luft. Die hier versammelten Elendsgestalten sind meist zerlumpte Krüppel oder Bucklige, die aus vollen Hälsen die Antwortgesänge der Litaneien plärren. Die Kirche ist von zahlreichen Kerzen erleuchtet, und Flitterglanz strahlt auf den Stuckornamenten. Diese näselnden *ora pro nobis*, die lärmend zu einer in Spitzen gekleideten Statue aufsteigen, sind von einer unbeschreiblichen Traurigkeit. Ich habe den Eindruck, einer lange vor dem Beginn des Christentums abgehaltenen Zeremonie beizuwohnen. Schrien die armen Menschen in Indien oder Assyrien, die ihre steinernen Götter anriefen, nicht genau so wie diese neapolitanischen Christen?

Wenn ich bedenke, daß ich hier als Achtzehnjähriger

war, den Kopf voller Träume . . . Ich erinnere mich an meine Ankunft. Früh erwacht beim plötzlichen Stoppen der Maschinen, war ich ans Lukenfenster gegangen, um hinauszublicken. Es war einer der wunderbarsten Augenblicke meiner Jugend. Ich stieß einen Schrei aus: »Neapel!« Wir waren in der Bucht, und der Vesuv strahlte ganz rosig im Licht der aufgehenden Sonne. Ich glaube, nur Italien hat in mir bis zu einem gewissen Maße den Eindruck eines irdischen Glücks hinterlassen, das alles, was man sich nur vorstellen kann, noch übertrifft. Woran liegt das? Ich kann es nicht sagen, aber als ich dieses goldene Licht sah, diese vieltausend bunten Häuser, das blaue Meer unter dem blauen Himmel, fühlte ich mich wie von einer plötzlichen Freude berauscht . . .

New Salem

Sobald man die Hauptstraße mit den beiden Kinos und den unvermeidlichen *Drug Stores* verlassen hat, fragt man sich, ob diese Ecke der Vereinigten Staaten nicht Mitte des XVIII. Jahrhunderts wie weiland Rip Van Winkle eingeschlafen ist und immer noch schläft. Die kleinen bemalten Holzhäuser mit ihren auf Hochglanz polierten Türklopfern, die alle ein wenig prüde, ein wenig zu sehr um Schicklichkeit besorgt aussehen, scheinen von ihren fernen Geschwistern in Kent oder Devonshire zu träumen. Die gleichen Schiebefenster, der gleiche korinthische Putz auf den kleinen Säulen am Eingang, und in den Gärten die gleichen Blumen mit den Namen von einst, wie *Sweet William* oder *Bleeding Heart*. Es ist das Neuengland, das sich an das alte erinnert.

Ein kosendes Licht schimmert tändelnd durch das goldene Laub der Ahornbäume; das Raunen des Windes trübt die Stille kaum. Je weiter ich gehe, desto stärker habe ich das Gefühl, in die Vergangenheit zu dringen. Die Häuser werden immer spärlicher, liegen ferner von der Straße ab und verstecken sich hinter hohen Bäumen; alles gleicht der Landschaft eines Geschichtsbuchs, und vielleicht werde ich sogar an einer Wegbiegung einem Trupp englischer Soldaten im roten Waffenrock begegnen.

New York

Als ich hier 1919 zum ersten Mal an einem blauen und goldenen Herbstmorgen ankam, glaubte ich, das Opfer einer Sinnestäuschung zu sein, denn ich sah in der Ferne eine traumweiße, reine, klare und eisige Stadt unter einem wolkenlosen Himmel aus den Fluten aufsteigen. New York ist keine Stadt, die ich mir als ständigen Wohnsitz ausgesucht hätte. Und doch habe ich dort oft gelebt. Ich habe sie zu lieben gelernt, aber es ist keine Stadt, in die man sich auf den ersten Blick verliebt. Es ist wohl am besten, wenn ich dieser Reise in die Vergangenheit folge, wie um mit den verschiedenen Launen dieser hysterischen Stadt mein eigenes Ich wiederzuentdecken.

1933. Seit meiner Ankunft lebe ich hier ein wenig wie ein Schlafwandler, erstaunt über alles und oft geblendet. Hätte ich die Zeit, so würde ich lange von den Dingen reden, die ich gesehen habe. Heute will ich mich darauf beschränken, das außergewöhnliche Schauspiel zu beschreiben, dessen Zeuge ich vor drei Tagen war. Eddie Waterman, der uns als Lotse dient, hatte mir gesagt: »Kommen Sie heute abend. Ich glaube, daß sich etwas ereignen wird.« Wir begleiten ihn nach Harlem. Nach einem kurzen Spaziergang führt er uns in eine kleine gutbürgerliche Wohnung, deren drei Zimmer bereits voller Menschen sind. Wenn ich es richtig verstanden habe, kann hier jeder herein, und man muß nur einen Dollar bezahlen. So sieht man ein bißchen von allem, Männer im Smoking kommen an, andere mit Wildlederjacken und Cordhosen, die seit der Wirtschaftskrise von vielen jungen Leuten getragen werden. Auch Frauen sind da, einige recht elegant. Sie wollen nur *sehen*, hoffen wie alle, daß *etwas passiert*, aber dazu muß man zuerst getrunken haben.

Man trinkt also, und von Zeit zu Zeit stellt man sein Glas hin, um zu einem der sentimentalen Schlager zu tanzen, die ein unermüdliches Radio ausplärrt. Aber bald ist nicht mehr Platz genug, denn jede Minute treffen neue Besucher ein. Inmitten des kleinsten der drei Zimmer ächzt ein riesiges Kanapee unter der Last von zehn oder zwölf zusammengedrängt sitzenden Personen, alle mit feierlich ernsten Mienen und einem Glas in der Hand.

Ein junger Mann in weißer Cordhose unterhält sich mit unserem Freund. Lange blonde Strähnen hängen ihm über die Stirn und fallen jedesmal, wenn er sie beiseite schiebt, auf die Nase zurück. Er ist derart betrunken, daß man kaum ein Wort seiner Rede versteht, und sein Blick ist glasig und vermag nichts festzuhalten. Er ist zum ersten Mal in New York und kommt von irgendwo aus dem Westen. Der Freund, mit dem er diese Reise gemacht hat, sitzt zu seinen Füßen. Auch er ist angetrunken, aber nicht ganz so arg. *»I like all this«*, sagt er zu mir. *»People smiling. Everything is all right.«* Im Gemurmel der Gespräche höre ich jemanden neben mir: *»Oh I get enough money, all right, but I can't tell you how!«* Dieses angedeutete Bekenntnis wird mit lautem Gelächter aufgenommen. Ein anderer sagt, die Lebenskosten seien sehr heruntergegangen, man könne sich heute für weniger als hundert Dollar jemanden aus der Welt schaffen lassen. Mir wird es heiß, und der Zigarettenrauch brennt mir in den Augen. Aber Waterman, dem ich vorschlage, aufzubrechen, bittet mich, noch ein bißchen zu bleiben. »Sie werden sehen«, sagt er, »vor ein Uhr morgens passiert hier nichts. Die Leute haben noch nicht genug getrunken.« Gegen halb eins passiert dann auch wirklich etwas. Im Laufe einer Diskussion, der ich leider nicht folgen konnte, hat jemand einen der jungen Leute in Hemdsärmeln herausgefordert, sich nackt auszuziehen. Wie soll er das verweigern, ohne sich zu blamieren? Alle blicken ihn ungläubig und spöttisch an. Falls er zögert, wird man ihn auslachen. Er ist ein hochgewachsener Bursche mit jähzorniger Miene, und er beginnt, seine Kleider auszuziehen, oder eher, sie sich vom Leibe zu reißen. Jedesmal wenn ein Kleidungsstück zu Boden fällt, glaube ich, er werde es dabei belassen, aber nein, er streift sich sogar die Socken ab und steht nun splitternackt inmitten all dieser angezogenen Leute, die ihn schweigend anstarren.

Nachdem der erste Schreck vorüber ist, fragt eine ironische Stimme den jungen Mann, was er jetzt zu tun gedenke. Ohne zu zögern tritt dieser auf eine der auf dem Kanapee sitzenden Frauen zu, aber sie stößt ihn mit den Fingerspitzen zurück und lacht. Der Mann neben ihr lacht noch lauter, worauf der Junge ihm einen so heftigen Faustschlag versetzt, daß er auf den Teppich rollt. Das ist das Signal für eine fast allgemeine Keilerei. Frauen schreien und fallen in Ohnmacht. Möbel werden zertrümmert. Ich sehe einen kleinen Stuhl über unsere Köpfe fliegen und an der Wand zerschmettern.

»Ist es nicht herrlich?« ruft mir jemand zu. »Es wird

bestimmt noch zu einer Schießerei kommen.« Man versucht die Kämpfenden zu trennen, aber es ist unmöglich. Der Nackte ist äußerst kräftig und schlägt sich unterschiedslos mit jedem, der ihm in den Weg kommt. Der, mit dem ich eben noch gesprochen habe und der sich so glücklich fühlte, wälzt sich zu meinen Füßen mit dem Burschen in der weißen Cordhose herum. Es herrscht ein solcher Lärm, daß man seine eigene Stimme nicht mehr hört.

Wir begeben uns in die Küche und halten Rat. In einigen Minuten wird die Polizei anrücken. Also los, weg von hier. Was mich nicht weniger als alles andere erstaunt, ist, daß der Neger an der Garderobe uns unsere Mäntel mit einer Ruhe aushändigt, als kämen wir aus einem Konzert. Und während wir durch den Central Park zurückfahren, neigt Waterman sich mir im Wagen zu und sagt: »An manchen Abenden ist es noch amüsanter ...«

Im Battery Park. Wunderbarer Ausblick auf den Ozean. In der Ferne die Freiheitsstatue. Ein heftiger Wind wirbelt große Staubwolken auf. Wir flüchten uns ins Aquarium, schauen uns die blaßgrauen und rosa Haie und den *Angel-Fish* an, dessen Profil mit den hervorstehenden Kiefern eine bemerkenswerte Ähnlichkeit mit einem berühmten Politiker aufweist.

Vom Fenster meines Zimmers aus sehe ich den Central Park. Nachts ist er von Lichtern übersät und gleicht einem breiten, glitzernden Strom, der majestätisch im Dunkel dahinfließt. Am Tage, wenn man das Netz seiner langen Alleen sieht, die aus dem Boden ragenden Felsen und das zarte Geäst seiner Bäume, denkt man an eine Landschaft auf einem Gemälde der

Frührenaissance. Graue Eichhörnchen betteln um Nüsse, die sie dann habsüchtig unter den Büschen verscharren. Wie es scheint, treiben gegen Mitternacht andere, weniger scheue Bettler ihr Unwesen in den einsamen Alleen und erpressen die unbesonnenen Spaziergänger. Man hat mir auch die unwahrscheinlichsten Mordgeschichten erzählt.

Als ich vor dem Rockefeller Building vorbeikam und es aus all seinen Fenstern wie ein riesiger Glimmerfels funkeln sah, konnte ich nicht anders, als überrascht und bewundernd leise aufzuschreien, aber schließlich fühlt sich jeder Europäer, der in New York ankommt, ein bißchen provinzlerisch.

1938. New York ist der Begegnungspunkt Amerikas mit Europa, hier vermengen sich alle *Via Venti Settembre*, alle *Rue de la Paix* und *Regent Street* und verlängern sich im Canyon der *Fifth Avenue*, dort wo das Raunen der Metropolen wie in einer beängstigenden Rückstrahlung zwischen den Wolkenkratzern aus Marmor und Glas zu einem Brausen anschwillt.

Überall auf den Straßen liegen Zeitungen herum, verbreiten noch auf den Gehsteigen die schlechten Nachrichten in Riesenbuchstaben. Von Zeit zu Zeit stürmt der Wind aus einer Nebenstraße, in der er sich verschanzt hatte, und läßt all dieses unheilverheißende Papier bis zu den zehnten Etagen der Häuser aufwirbeln. Die Stadtbehörde kann nichts dagegen tun, denn jede Stunde erscheint ein neues *Tabloid*, ein Boulevardblatt, auf dessen Titelseite oft nur drei oder vier Worte zu lesen sind, aber so ausgewählt, daß man immer glaubt, nicht richtig gelesen zu haben: Krieg steht bevor, Krieg unvermeidlich. Es kostet jedesmal mehr Anstrengung, diesen Prophezeiungen das Wort *ausgeschlossen* entgegenzustellen.

Die Nacht bricht ein. Um diese Stunde ist die Gegend um den Times Square immer sehr belebt, aber heute abend herrscht ein solches Gedränge, daß man kaum vorwärtskommt. Es ist gewiß keine fröhliche Menge, denn die Menschen sind beunruhigt und ratlos, und im Stimmengewirr um mich herum ertönt das Wort Krieg mit einer unheimlichen Beharrlichkeit immer wieder. Jetzt ist es völlig dunkel geworden, und die Namen Polen und Deutschland beginnen einander auf der Wanderschrift des *Times* Leuchtschirms in einem ich weiß nicht welchem entsetzlichen Versteckspiel zu verfolgen. Jedes vorbeifließende Wort wird von diesen Tausenden gespannter Zuschauer nachgemurmelt. Welch unheilvolle Dinge schreibt das Schicksal da in elektrischen Leuchtbuchstaben? Wie soll man da nicht an Belsazar und die Hand denken, die gegenüber dem Leuchter auf der getünchten Wand des königlichen Palasts das Menetekel schrieb?

Als ich am nächsten Tage wieder auf der Straße bin, wo die Zeitungsverkäufer ausschreien, daß die letzten Verhandlungen gescheitert sind und die Grenzzwischenfälle sich häufen, frage ich mich, ob es nicht besser wäre, wie 1914 eines Morgens bei voll ausgebrochenem Krieg zu erwachen, als diese seltsame Heimsuchung einer Katastrophe im Zeitlupentempo über sich ergehen zu lassen. Das Unbehagen wächst von Stunde zu Stunde. In den Kinowochenschauen sieht man Filmaufnahmen von dem, was man bereits Krieg nennt, obgleich es sich erst um Truppenbewegungen entlang der Grenzen handelt. Viele Kirchen sind jetzt Tag und Nacht geöffnet. Keine ist leer, und man kann dort eigentlich kaum um etwas anderes beten als um ein Wunder, denn das Wunder ist der Taufname der christlich gewordenen Unmöglichkeit.

Nach dem Abendessen sind wir auf einen jener Türme gestiegen, die die Stadt von einer unwahrscheinlichen Höhe aus überragen, und ich habe den Eindruck, daß die Terrasse ganz unmerklich unter unseren Schritten schwankt, wie die Kommandobrücke eines Schiffs. Der September verkündet sich in einer herrlichen Nacht. Dem Funkeln der Sterne antworten die vieltausend Lichter, die die Avenuen abzeichnen, die Parks durchstreifen, und deren riesiges und kompliziertes Netz zu entwirren das Auge müde wird. Es ist, als ob durch eine Zauberwirkung alle Reiche der Erde zu unseren Füßen strahlten. Die Worte Frieden und Krieg kommen mir wieder in den Sinn zurück, aber in einer Art von Wirbel und ihrer Bedeutung entleert, denn wenn wir auch wissen, daß der Friede nicht mehr gewahrt werden kann, so weigert sich etwas in uns, an den Krieg zu glauben. Wir haben unrecht, und wir sollten uns an die schönen Zeilen von Bergson erinnern, die ich eines Tages wiederzufinden hoffe, und in denen er von der wunderbaren Leichtigkeit spricht, mit der zugleich unmögliche und unvermeidliche Ereignisse vom Bereich der Theorie in den der Praxis hinübergleiten. Vielleicht ist es das, was sich jenseits der durchsichtigen Nacht im Unsichtbaren vollzieht, wo diese Dinge sich abspielen.

1940. Es gefällt mir nun doch in New York, vor allem weil diese Stadt unsere letzte Verbindung mit Europa ist, der letzte Berührungspunkt mit dem alten Kontinent. Hinter New York liegt Amerika mit all seinen Straßen, die zu keinem Rom, zu keinem Paris führen, außer jenen kleinen Marktflecken, die sich diese Namen angeeignet haben, während in New York noch das Raunen der Städte von dort drüben zu uns dringt. Die *Fifth Avenue* ist eine direkte Verlängerung der Champs Elysées. Am sechsten November gegen zehn Uhr am Times Square. Die Fahrbahnen sind fast leer, aber man muß sich schlagen, um auf den Gehsteigen weiterzukommen. Auf dem Leuchtschirm der *Times* laufen die Namen der Kandidaten und die jeweiligen Stimmenzahlen vorbei. Lange Jubelrufe begrüßen die respektiven Siege Willkies und Roosevelts in den verschiedenen Staaten der Union. Die Menschenmenge ähnelt den Völkerscharen auf einem *Das letzte Gericht* darstellenden Gemälde eines primitiven Meisters, und das laute Gebrüll, das sich über den ganzen Platz und bis in die Tiefen des Broadway ergießt, scheint das Schicksal anzurufen, dessen beunruhigende Gegenwart man verspürt.

1941. In der Zweiundvierzigsten Straße, im neunzehnten Stockwerk, im Büro eines Freundes. Die rosaweißen Wolkenkratzer im Sonnenlicht singen leise ein Lied von Schwindelrausch und Tod. Die Hitze steigt in schweren Schwaden zwischen den Steintürmen auf. Die Stadt erstickt im Lärm der Wagen und im blendenden Widerschein der wie von Flammen bespritzten

Fenster. Diese Landschaft von eigenartiger Schönheit hat etwas Herzbeklemmendes. Man sehnt sich schmachtend nach einer kleinen efeubewachsenen Mauer. Wenn ich einen Blick aus dem Fenster werfe, fühle ich mich im Unendlichen verloren wie auf dem Meer. Es ist der sechste September, mein Geburtstag.

Stundenlanger Spaziergang durch die Straßen, wie in London, wie in Wien, in Neapel, in Rom. Mein Kopf ist wie eine Muschel, in der das Rauschen der großen Menschenfluten vernehmbar ist. Auf dem Times Square erreicht das Schauspiel der menschlichen Geschäftigkeit eine Art von gewaltsamer Irrealität. Man fragt sich schließlich, ob diese Leute eigentlich noch wissen, was sie tun. Es scheint sinn- und zwecklos, sich zu überlegen, ob man nach links oder rechts gehen soll. All die Massen von Köpfen und Leibern drängen und schieben sich wahllos durcheinander, ohne sichtbaren Grund, ohne andere Notwendigkeit als der einer Art von Urinstinkt, der da will, daß alles ständig fließt und sich im Kreise dreht, müde und lustlos, in der großen Müdigkeit der Menschen.

Ich schreibe das im Lesesaal der *Public Library* von New York. Dieser Saal von der Größe eines Hauptbahnhofs ist mit breiten Tischen versehen, an denen es sich wunderbar arbeiten läßt. Überall Lampen, gebeugte Köpfe. Man glaubt sich wieder in der Studienzeit, in den fernen Gymnasien unserer Jugend. Durch die hohen Fenster sieht man die babylonischen Stockwerke eines Wolkenkratzers. Auf der massiven und geschwärzten, einst vergoldeten Decke zeichnen sich bröckelnde Freskogemälde ab, die bis zur Unkenntlichkeit verblaßt sind...

Es ist Nacht. Draußen, vor meinem Zimmer im Barbizon, entfaltet die Sixth Avenue die ungeheuerliche falsche Pracht all ihrer Lichter, die am Rande des schwarzen Himmels blinken. Und immer wieder drängt sich die gleiche Frage meinem Geist auf: »Was hat das alles für einen Sinn, was soll diese Existenz, die wir Leben nennen?«

1942. In der kleinen Wohnung an der Zweiundsechzigsten Straße, deren niedrige und altmodische Häuser mich an Europa erinnern, an die Rue Cortambert und auch ein bißchen an die Studiestraede in Kopenhagen. Von meinem Schlafzimmer sehe ich hübsche Gärten und kleine Backsteinhäuser.

Gestern in Saint Patrick. Großer Andrang, polizeilicher Ordnungsdienst. Plötzlich überkommt mich ein Gefühl der Gereiztheit über all diesen Lärm, über das hochmütige und wichtigtuerische Gehabe dieser Herren im Frack, die die Ankommenden nach rechts oder links weisen, und vor allem über die Abwesenheit der Armen in dieser riesigen Kirche, die nichts weiter als eine traurige und kalte Nachahmung der europäischen Kathedralen ist. Kirchenlieder in englischem Text werden angekündigt. Da gehe ich, verlasse einen schwererkämpften Platz, bevor die Zeremonie beginnt. Nachmittags in Saint Louis. Punkt drei Uhr werden wir mit blendendem Scheinwerferlicht angestrahlt, und ein junger Priester mit blondem Krauskopf steigt auf die Kanzel, ein großes Kruzifix in den Gürtel gesteckt. Mit lauter, näselnder und schleppender Stimme liest er eine farblose Predigt vor. Ich fliehe.

Im Madison Square Zirkus. Es ist der schönste

Zirkus, den es gibt, und auch der größte. Er hat die lange Form eines römischen Zirkus, mit drei Arenen, auf denen gleichzeitig drei Darbietungen gezeigt werden. Wenn man, wie wir es taten, mitten in einer *Nummer* ankommt, ist man überrascht vom Charakter dieses Ortes, an dem die Farben und die Geräusche einen außergewöhnlichen Gesamteindruck vermitteln. Große Strahlenbündel blauen oder rosa Lichts überfluten die Menge und zwingen die auf ihren Hockern dösenden Löwen zu blinzeln...

New York fehlt es an Abwechslung. Mit einem einzigen Wolkenkratzer könnte man einen ganzen Teil der Stadt rekonstruieren; man brauchte ihn nur x-tausendmal zu vervielfachen und seine Türme in einer bestimmten Ordnung aufzustellen. New York ist eine korrekt gelöste geometrische Schulaufgabe; ich will keinesfalls behaupten, daß es der Lösung an Schönheit mangelt, ganz im Gegenteil. aber eine Schulaufgabe bleibt es trotzdem.

Gestern nacht wurde ein junges Mädchen im Central Park erstochen, wahrscheinlich von einem Wahnsinnigen. Sie hatte ihr Tagebuch bei sich, das sie regelmäßig führte. Auf der letzten Seite des Hefts stand folgender Satz: »Mir passiert nie etwas.« Gegen Abend schwamm die Stadt im blaßgrauen Dunst des Himmels, und nur die Marmorwolkenkratzer der Fifth Avenue hielten einen letzten Schimmer des rosa Sonnenlichts zurück. Ein Augenblick von eigenartiger Schönheit. Aber New York ist nicht immer die große vertikale Stadt, die man sich vorstellt; sie hat auch hie und da den Charakter des XIX. Jahrhunderts bewahrt, und in diesen Stadtteilen findet man noch etwas vom alten Kontinent.

1943. Durch das große Fenster im Salon meiner jetzigen Wohnung sehe ich die riesige, über den North River geschlagene Brücke; von Zeit zu Zeit fahren Truppentransportschiffe vorbei. Große Stille im Haus. Auf der Etage über mir lacht jemand, und ich höre Wortgemurmel; draußen kratzt jemand mit einer Schaufel auf dem Gehsteig, weil es geschneit hat. Wenn ich nach Einbruch der Dunkelheit den Vorhang aufziehe, verweile ich immer in Bewunderung vor dem, was ich sehe. Die großen, flachen, mit Schnee bedeckten Dächer, die Wolkenkratzer mit ihren golden leuchtenden Fenstern in der dunkelblauen Nacht, die über die Brücke gleitenden und sich im Wasser spiegelnden Autoscheinwerferlichter, das alles besticht durch eine seltsame und für mich neue Schönheit. Und doch habe ich tagsüber eine wahre Höllenlandschaft vor Augen. Hat man sich denn mit niemandem beraten, bevor man diese Gasometer neben der Brücke und hundert Meter von den Fabrikschornsteinen erbaute? Aber in New York zählt nur der Nutzen, und die Wirkung, die das Aussehen haben könnte, wird nicht berücksichtigt. Selbst der Schnee, der heute fällt, ein richtiger Märchenschnee, vermag nicht das Schreckensbild zu mildern, diesen Wettstreit zwischen Stein und Eisen, bei dem jeder den anderen an Härte, Häßlichkeit und Kälte übertreffen will. Kein Baum ist zu sehen. Nur das Wasser, das nach rechts fließt, lebt, aber es ahmt heute die Tönungen des Stahls nach.

1945. Vor einigen Tagen habe ich in einer katholischen Kirche etwas Merkwürdiges gesehen. Ein junger Mann und ein junges Mädchen, beide schön, treten ein, knicksen vor dem Altar und knien sich nebeneinander, ein paar Schritte von mir entfernt, nieder. Die Kirche war fast leer. Nach einer Weile, immer noch kniend, neigen sie einander zu, und ihre Lippen berühren sich. Einige Minuten später bin ich fortgegangen und ließ sie regungslos in der eben beschriebenen Haltung. Niemand schien sie bemerkt zu haben. Ich muß gestehen, daß ich das schön finde. Vielleicht hätten sie auf die Frage, wo sich die Grenze zwischen dem Körper und der Seele befände, einfach geantwortet, daß es sie nicht gäbe...

Vor einigen Tagen war ich gegen ein Uhr nachts auf dem Heimweg. Die Nacht war klar und frisch, und ich ging zu Fuß die völlig menschenleere Lexington Avenue entlang. Kein Licht, nur hie und da eine Straßenlaterne. Ich wohnte in einem Haus an der Sechsundsiebzigsten Straße. Etwa an der Fünfundsechzigsten hörte ich jemanden hinter mir. Es war ein gleichmäßiger Gang, schwerer als der meine, aber er marschierte, wenn ich so sagen darf, im gleichen Schritt wie ich, und es war ohne jeden Zweifel der Schritt eines Mannes. Er mochte etwa zehn Meter von mir entfernt sein. Ich wollte mich nicht umdrehen, um mich zu vergewissern. Mich umzudrehen, schien mir irgendwie das Falsche. Warum? Das kann ich nicht sagen. Der Mann hatte ganz offenbar die Absicht, seinen Schritt dem meinen anzupassen. Er wollte mich nicht überholen, wollte sich aber auch nicht abhängen lassen. Schließlich war es sein gutes Recht, das Tempo einzuschlagen, das ihm beliebte. Ich hätte plötzlich langsamer gehen können, aber langsamer gehen hieß, ihn zur Kenntnis zu nehmen, und ich wollte mich ja auch nicht nach ihm umdrehen, weil das in seinen Augen vielleicht als ein Zeichen von Angst hätte gelten können. So marschierten wir in der Einsamkeit dieser langen Avenue, und allmählich stieg eine wahre Wut auf den Unbekannten in mir auf. Machte er sich über mich lustig? Bei jeder Straßenkreuzung hoffte ich, daß er abbiegen würde, aber nein, er folgte mir, jawohl, das war es, er folgte mir, und der Schall unserer Schritte vereinte sich zu einem einzigen Schall. Jedenfalls bin ich dich jetzt bald los, sagte ich mir an der Siebzigsten Straße.

Der Stolz verbot mir, meinen Schritt zu beschleunigen, aber ich konnte es kaum erwarten, an der Sechsundsiebzigsten anzukommen. Erst dort erlaubte ich mir, schneller zu gehen, aber dann vernahm ich zu meiner großen Überraschung, daß er immer noch hinter mir war, genau wie auf der Lexington. Dieses Mal konnte ich die Möglichkeit einer Verfolgung nicht mehr länger in Zweifel ziehen, und ich gestehe in aller Bescheidenheit, daß mir allerlei Mordgeschichten durch den Kopf gingen, während ich den Hausschlüssel in meiner Hand hin und herdrehte. Ich nahm mir vor, ihn mit einer raschen Geste in das kleine Schloß einzuführen, und im Geiste tat ich es bereits. Um die Tür zu öffnen und hinter mir zu schließen, brauchte ich nicht einmal zwei Sekunden. Inzwischen schritt ich in einem Tempo weiter, das ich für angemessen hielt, weder zu schnell noch zu langsam. So gelangte ich endlich vor die ersehnte Tür, und ich mußte mich zurückhalten, um mich nicht mit einem Satz auf sie zu stürzen. Der Schlüssel drehte sich im Schloß genau wie vorausgesehen, ohne das geringste Zögern. In diesem Augenblick fühlte ich den Mann hinter mir.

Ich weiß nicht, was ein anderer an meiner Stelle getan hätte. Ich trat über die Schwelle ohne mich umzuwenden, hielt jedoch die Tür mit einer Hand zurück, um den Unbekannten einzulassen, da er offenbar einzutreten wünschte. Wenn ich es mir wohl überlege, war es eigentlich furchtbar blöde von mir, aber einerseits hatte ich Angst, und andererseits wollte ich mir die Angst nicht anmerken lassen, und so ging ich auf den Fahrstuhl zu – und stieg mit dem Unbekannten ein. Jetzt sah ich ihn. Er war größer als ich und breitschultrig. Der Schatten seines Huts verbarg seine Augen wie eine Maske. Er hatte ein kantiges, unnachgiebiges Kinn, wie aus Marmor, das Kinn eines römischen Kaisers.

»Ein Wahnsinniger«, sagte ich mir. »Ich bin in dieser engen Fahrstuhlkabine mit einem Wahnsinnigen eingeschlossen, einem athletischen Wahnsinnigen noch dazu.« Sein militärisch geschnittener Regenmantel und die dicken Stiefel ließen mich vermuten, daß er vielleicht zur Polizei gehörte. »Aber«, sagte ich mir, »wie konnte ich nur so unvorsichtig sein, ihn hereinzulassen! Vielleicht ist er ein ganz gewöhnlicher Einbrecher. Durchaus möglich. Man folgt jemandem, drängt sich mit ihm in ein Haus ein, und ... Jedenfalls ist er jetzt da.«

In diesem Augenblick machte er den Mund auf und fragte mich: »Welche Etage?« – »Dritte.« Er drückte auf den Knopf, trat beiseite, als wir hielten, um mich aussteigen zu lassen. Wir wünschten uns eine gute Nacht, und ein paar Sekunden später hörte ich ihn seine Tür auf der oberen Etage aufschließen. Er war der Mieter über mir ...

Es ist manchmal ein sehr unbehagliches Gefühl, Zeuge eines Massenwahns zu sein, der die gesamte Menschheit befallen hat und von dem ich nicht behaupten will, nicht auch daran teilzuhaben. Täglich fordert man uns auf, Taten zu bewundern, die man glanzvoll nennt, die jedoch in zwei- oder dreihundert Jahren, mit den Augen der gesunden Vernunft betrachtet, wie ganz gewöhnliche Morde aussehen werden. Aber was soll man tun? Wir müssen den Feind besiegen. Heute früh sah ich in der Nähe der Zweiundvierzigsten Straße eine kleine Gruppe von zwanzig bis dreißig jungen Leuten, die Pakete und Koffer schleppten; einige Frauen begleiteten sie. An ihrer Spitze marschierte ein *Marine*. In einigen Stunden werden sie in Uniform sein; und in einigen Monaten auf welchem Meeresgrund, hinter welchem Stacheldraht oder in welchen Schlachten als Sieger, die sich im Töten geübt und das Töten gelernt haben? Sie schienen nicht älter als achtzehn zu sein, und einige waren schön. Es brach mir das Herz, und ich blieb ein paar Minuten lang schweigend stehen, grübelte über all die Dinge nach, von denen man nicht sprechen kann, die aber die Seele mit großer Bitternis erfüllen. Besonders die Frauen sahen sehr traurig aus.

1945. Nachts im Flugzeug von Boston nach New York gereist. Ich war wie geblendet von dem, was ich sah. Die hell erleuchteten Städte sahen wie Auslagen in einem Juwelierladen aus, in denen Katzen gewühlt und Halsketten und Schmuckstücke in Unordnung gebracht hätten. Das größte Schaufenster und auch das schönste war New York. In wenigen Tagen werde ich nach Paris zurückkehren.

Auf dem Schiff bin ich in meiner Kabine geblieben, während New York sich immer mehr von uns entfernte und schließlich im Dunst verschwand.

Orvieto

Diese uneinnehmbare Stadt auf dem Tuffelsen, über dessen ganze Höhe Papst Clemens VII. einen Brunnenschacht ausheben ließ, um jeder Belagerung standhalten zu können, werde ich nicht beschreiben. San Gallo grub zwei spiralenförmige, einander zu verfolgen scheinende Rampen mit Fensteröffnungen aus, die eine zum empor-, die andere zum hinabsteigen, und man gelangt an den Rand des Wassers, ohne zu ermüden. Die Tunnelgänge waren vor allem für die Maultiere bestimmt, die mit ihren Lasten hinaufgetrieben wurden. Aber welch ein Lärm in diesem Trichter! Ein grünliches Licht dringt durch die Gräser, die den oberen Schachtrand überwachsen haben.

Im Dom die von Fra Angelico, Gozzoli und Signorelli dekorierte Kapelle, deren herrliche Brutalität Ingres dermaßen mißfallen hatte, daß er sofort seine Koffer packte und nach Paris zurückkehrte. »Es ist zu häßlich«, soll dieses zukünftige Mitglied des Instituts gesagt haben. Nacktheiten gibt es tatsächlich genug, aber es ist vielleicht der erste und letzte religiöse Schreckensschrei, den die Renaissance je ausgestoßen hat, denn sie sind nicht da, um zu betören. Am beunruhigendsten ist der prunkvoll gekleidete verführerische Knabe, der in arroganter Haltung zu Füßen des als ein falscher Christus dargestellten Antichrists sitzt. Greise umwerben ihn, denn er ist ganz offenbar käuflich. Das ist eine Predigt, die angetan wäre, manchen Mann unserer Zeit in Bestürzung zu versetzen; aber wie viele können behaupten, daß sich in ihnen nie der Wunsch geregt hat, ihre entschwundene Jugend wiederzukaufen?

In der etruskischen Nekropole, am Fuße des Felsens, auf dem die Stadt erbaut wurde, und die wohl das Unheimlichste ist, was ich je gesehen habe. Die Gruften sind aus großen, ganz verwitterten, grün gewordenen Steinen. Wir gehen von Grab zu Grab, sehen gähnende schwarze Schlünde, in die man hinabsteigen kann, denn es sind Stufen da, aber ich würde mich für nichts auf der Welt da hinein wagen. Ein Blick in diese Finsternis genügt, und man ist vom Schwindelgefühl des Grauens ergriffen. Irgend etwas oder irgend jemand geistert dort, lebt noch. Ein Labyrinth von Gassen, dunkles Moos bedeckt die Dächer dieser halb versunkenen Häuser. Ich muß dazu bemerken, daß es die Abenddämmerstunde eines blendend sonnigen Tages war, und daß uns gerade genug Licht blieb, um nicht zwischen diesen kadaverischen Mauern – ein anderes Wort fällt mir dazu nicht ein – ins Stolpern zu geraten.

Oxford

Dieser Besuch hat in mir den wahrscheinlich absurden Wunsch erweckt, mich hier bis an mein Lebensende einzurichten. Es gibt einen Punkt, an dem die Bewunderung unseren Vorrat an Eigenschaftswörtern erschöpft hat. Es wäre müßig, alles zu beschreiben, aber einige Einzelheiten sollten erwähnt werden. Der Dean des Christchurch College hat uns zuerst in seine Wohnung eingeladen, wo uns ein köstlicher Tee erwartete. Seine dicke, sandgelbe Hündin Reagan schnarchte friedlich zu unseren Füßen. Der Dean ist ein Schotte, ungefähr im gleichen Alter wie ich, mit sehr gütigen Augen und struppigem Haar, das ihm lustig um den Kopf weht. Er wußte, daß wir uns die Gärten Alices ansehen wollten, die Lewis Carroll seinem *Wunderland* als Modell gedient hatten. Der erste ist eine ziemlich große Grasfläche, über der eine riesige Platane von mehr als ehrwürdigem Alter ragt; auf einen Ast dieses Baums hat sich die berühmte Cheshire Katze gesetzt, um dann allmählich zu verschwinden und nur noch ihr Lächeln zurückzulassen; am Fuße dieses Riesen, dessen knorrige Zweige sich vom blauen Himmel abheben, das Loch, in dem das Kaninchen verschwunden ist, das immer Angst hatte, sich zu verspäten, und ständig auf seine Uhr schaute. Wie nahe unseren Herzen ist doch diese absurde Welt! Der zweite Garten, den Alice durch eine kleine geschlossene Pforte betrat, sehen wir durch das Schlüsselloch, und der Reihe nach bücken wir uns alle drei, der Dean, Eric und ich, um einen Blick der Wiese zu erhaschen, auf der die berühmte Partie Krocket stattfand.

Die zum großen Saal des Christchurch College führende Treppe mit ihrem Pfeiler und ihren Regenschirmgewölben sieht wie ein dunkleres Detail auf einer Tuschzeichnung aus. In der Kathedrale, oder dem, was davon nach den ihr durch die allmächtige Laune Wolseys* aufgezwungenen Amputationen übriggeblieben ist. Kirchenfenster von Burne-Jones in einer der Kapellen. »Heute bewundern wir sie«, sagt der Dean, »aber in meiner Jugend lachte man darüber.« Diese von Meisterhand gezeichneten Engelsgestalten sind von seltener Schönheit, und wenn man sie betrachtet, denkt man eher an Musik als an Malerei. Übrigens weisen sie eine manchmal verblüffende Ähnlichkeit mit den jungen Leuten auf, denen man auf den Straßen der Universität begegnet. Der Burne-Jones-Typ ist keine Ästhetenerfindung, er ist die Frucht einer sehr aufmerksamen Beobachtung.

Im Magdalen College scheint das riesige Karree der langgestreckten zweistöckigen Gebäude eine Stille einzuschließen, die nichts zu stören vermag, nicht einmal der Gesang einer Amsel. Amseln gibt es hier überall auf den großen Wiesen. Hinter einer Tür, an der wir vorbeikommen, hören wir Kinderstimmen, die einen Choral für den *Evensong* einüben. Sie unterbrechen sich, und fangen wieder an ... Man glaubt sich weitab von der Welt.

Nie scheint mir die Stadt schöner und ihrem Wesen entsprechender als im Winter. Die Gotik ist winterlich. Den Charme der kleinen miteinander verbundenen

* Thomas Wolsey (1474–1530), engl. Kardinal, Berater Heinrichs VIII. (Anm. d. Ü.)

Höfe von Brasenose ziehe ich dem des großen Vierecks von Christchurch vor. In einer von Grinling Gibbons dekorierten Kapelle spielt ein Organist Bach im Hinblick auf das bevorstehende Weihnachtsfest, und die Kapelle ähnelt der Musik. Der Charme von Oxford liegt in der Poesie einer großen Vergangenheit und in der Gegenwart einer geschäftigen Jugend, die man allerdings nicht als sehr studienbeflissen bezeichnen kann; jedenfalls habe ich keinen einzigen Studenten mit einem Buch unter dem Arm erblickt. Einige stille Straßen sind von ergreifender Schönheit, und das nur wegen ein paar Bäumen am Ende einer kleinen Reihe weißer Häuser, hinter denen sich weite Rasenflächen erstrecken.

Die herrliche, sehr hohe und unendliche lange Bibliothek von All Souls und ihr mit schönen Äderungen verzierter Gewölbebogen. Kleine getrennte Tische, jeder im Licht einer grünen Lampe, einige Studenten arbeiten in einer Kathedralenstille. Von Korridor zu Korridor begeben wir uns in den mit Mahagoni getäfelten *Dining Room*; auf dem riesigen ovalen Tisch steht ein langes, in Silber gefaßtes Tablett, ebenfalls aus Mahagoni, auf dem die Porto-Karaffen herumgereicht werden. Ein Wandschirm aus Korduanleder schützt die der Tür am nächsten sitzenden Tischgenossen vor Zugluft. Die mittelalterliche Atmosphäre wurde in der viktorianischen Epoche, die ihr den Komfort und die ästhetische Note hinzufügte, pietätvoll bewahrt. Ein großer Strauß rostroter Chrysanthemen prangt in der Mitte des Tisches.

Ich liebe Oxford, weil ich die Bücher liebe und Oxford ein Buch ist. Man begibt sich von einer Straße in die andere, wie man eine Seite umblättert. Wenn mir noch einige Jahre zu leben bleiben, so möchte ich sie hier verbringen. Aber wie oft habe ich das nicht schon gesagt? Und dann – leider – gibt es in dieser Stadt ein Zeremoniell, das, um es schonend zu sagen, an moralische Quälerei grenzt.

Palmela

Der ganze Hügel, vom Kloster bis zum Wachturm, ist eine Festung. Befestigungen à la Vauban vor gähnender Leere; es ist die Burg der Schwindelanfälle, wenn man alles sehen will. Eine ganze Stunde lang gingen wir auf den Terrassen spazieren und bis auf die Höhen der Türme mit ihren unzähligen Zinnen und Schießscharten. Man überblickt die ganze Gegend, im Süden das schillernde Meer, und wenn man sich ein wenig herauslehnt, verschlägt es einem den Atem. Das Licht auf den Mauern ist blendend, und es herrscht eine wahre Hochsommerhitze. Die Kirche, die dem Ritterorden von Santiago gehörte, ist von einer solchen Schönheit, daß ich vor Ergriffenheit stumm blieb. Sehr hoch, mit riesigen Pfeilern, aber völlig leer, und gerade deshalb von tiefer Religiosität durchdrungen. Nur ein großes schwarzes Kreuz über einem mit grünem Stoff behangenen Altar. Kein Ornament stört die Atmosphäre totalen Glaubens, die man gleich beim Eintreten verspürt. Als ich die Kirche verlasse, sehe ich einige Azulejos in der Nähe der Tür, und das ist alles. Die Kirche ist von Gott erfüllt. Und man war so vernünftig, ihm den ganzen Platz zu lassen, ohne ihm sein Haus verzieren zu wollen. Die herrlichen Proportionen der Gewölbe und Pfeiler genügen. Auf einem Grabstein an einer Mauer lese ich: »Wir sind da, wir erwarten euch.«

Im Kloster von Santiago sind die Zimmer um so prächtiger, als man auch dort den Raum respektiert hat: Hohe weiße Wände, einige wenige schöne Möbel, der Luxus der Leere. Von meinem Fenster aus sehe ich die Hügel und wünsche mir, ich hätte Pinsel und Farben, um sie auf eine Leinwand zu bannen. Sie sind von einem rauchigen Blau, das ins Schwarze übergeht, und die Sonne breitet ein großes Laken zu ihren Füßen und über das ganze Tal aus. Zu meiner Rechten, ganz nahe, ein Festungsturm, der seine scharfen Zinnen wie der böse Menschenfresser seine Zähne bleckt. Diese Landschaft werde ich in meiner Erinnerung bewahren.

Die großen Mühlen auf den Berghöhen scheinen uns mit ausladenden Gesten zuzuwinken, und den Hafen von Setubal durchzucken hie und da leuchtende Blitze, wenn die Strahlen der Sonne auf den Rumpf eines der riesigen Schiffe prallen.

Zur Abenddämmerstunde gehen wir noch einmal auf den Festungswällen spazieren und kommen an den ehemaligen Militärmagazinen vorbei; das Innere der Zitadelle gehört uns ganz, leer unter einem rosigen Himmel. Plötzlich fühlt man sich »anderswo«, wie in jener Festung von Bam, am Rande der Wüste von Belutschistan, wo der Wind bei Einbruch der Dunkelheit zu pfeifen beginnt. Die Luft ist kühl, aber belebend, und befreit mich von aller Müdigkeit. Der Himmel nimmt immer dunklere weinrote Farbtönungen an, und als wir heimkehren, ist alles schwarz, während die ersten Sterne über unseren Köpfen aufflimmern.

Prag

Ich habe eine Vision gehabt, und es war Prag. Ich bin aus einem Bereich der Zeit geschieden, um in die Vergangenheit einzutreten. Man durchwandert, was man für unmöglich hielt, eine andere Epoche, denn die Stadt ist so jenseitig, daß sie unwirklich wirkt, wie Venedig. Man mag auf den Straßen noch so vielen modern gekleideten Menschen begegnen, sie werden plötzlich zu etwas anderem, nehmen eine andere Bedeutung an. Wir haben eine Reise durch mehrere Zeitschichten gemacht, und jetzt sind wir in der Prager Zeit, die sich von allen anderen, die wir kennen, unterscheidet, die anders ist, außerhalb unserer Stundenzonen.

Die sehr breite und schnell fließende Moldau, aber auch mit langen, stillen Streifen, in denen der Tag seine Wolken einzuweichen scheint. Auf der Karlsbrücke schaffen die vierzig Statuen Bewegung und verleihen der Brücke ein bewohntes Aussehen. Ein Wind von einst umspielt gewisse Falten ihrer Gewänder, und diese Menge scheint uns bis unter den Turm zu begleiten, der den Zugang zur alten Stadt bewacht und mit Zacken bespickt ist wie eine Mephistofrisur. Doch Faust hat bestimmt nicht auf dieser Flußseite seinen Pakt unterschrieben – Prag ist eine Stadt für Faust –, sondern wohl eher in der Gegend der Teynkirche und der engen Straßen, deren Laternen am Abend ein schwefliges Licht verbreiten.

Hier hat die Zeit keine Bedeutung und unser Jahrhundert keine klaren Grenzen mehr. Das gotische Prag, das Prag der Renaissance, das barocke Prag, das Prag des XIX. Jahrhunderts – was zählt, ist der Charakter. Die seltsamen, manchmal unheimlichen Gassen sind von einer geradezu grandiosen Romantik. Ich möchte zwar nicht mit einem Baedeker wetteifern, aber die Schönheit dieser einzigartigen Stadt ist ebenso augenfällig wie die Roms. Welche Worte vermögen die Pracht eines Abends auf dem Fluß zu schildern, oder die Sanftheit des Lichts auf den Fresken eines Renaissancehauses in der Altstadt, oder jene geheimnisvolle Tür in der Melantrichgasse, über der steinerne Bären wachen?

Die Burg werde ich nicht weiter beschreiben, aber welche Freude, die zu den Dächern der Stadt abfallenden Gärten zu sehen und am Fenster zu stehen, aus dem man die Gesandten des Kaisers Matthias gestürzt hatte. Sehr hoch war es nicht, und sie fielen auf einen Misthaufen, den natürlichsten Platz für alle jene, die Politik betreiben. Der berühmteste Prager Fenstersturz (denn es gab andere, zuvor, unter Wenzeslas und in neuerer Zeit, doch mit tödlichem Ausgang) bleibt dem Schüler in besonders guter Erinnerung, wahrscheinlich wegen der ihm eigenen Schlußmoral; endlich fühlt er sich für all die Chronologien, die er auswendig lernen muß, gerächt.

Im Waldsteinpalast suchte ich kühlende Frische in den von kleinen Mauern und barocken Balustraden geschützten Terrassengärten. Auf einer der von niedrigen Mauern umgebenen Wiesen kam mir ein Gärtner entgegen, ein hochgewachsener Bursche, fast nackt in der Sonne und mit ganz gelber Haut. Er mähte mit jener ausladenden Geste, die mir plötzlich die Stiche Dürers zum Totentanz in Erinnerung rief. Hier spielte die Jugend mit dem Attribut des Todes. Alles war schön in diesem Garten; etwas weiter unten plätscherte leise ein Springbrunnen, die Sonne strahlte auf dem Gras, und das rauschende Gleiten der Sense...

Am anderen Ende der Stadt, in der Bertramka, der Villa Dusseks, wo Mozart seinen Don Juan schrieb. Er hatte instinktiv den Ort und die Atmosphäre gewählt, die seiner Geschichte vom Tode entsprachen, denn ist der aus dem Unsichtbaren erschienene Steinerne Gast nicht ein wenig das Gewissen – oder das, was von ihm bleibt – des Wüstlings, der aus Mangel an Liebe alles verneint? Seine Liebeleien haben die Liebe getötet. Allerdings finde ich in der ganzen Partitur nichts Spanisches; es ist ein Spanien in Böhmen. Prag ist die Stadt aller Träume.

Quebec

Am 20. August 1939 befand ich mich in Quebec auf der langen Promenade, die sich vom Château Frontenac bis zu den Abrahamsfeldern hinzieht. An schönen Abenden scheint die ganze Stadt auf diesen hallenden Planken spazierenzugehen; bogenförmige Bänke und ein Musikpavillon thronen gutbürgerlich über den majestätischsten Wassern der Welt. Dieser Kontrast zwischen der blinden Ungeniertheit der Menschen und der grandiosen und verächtlichen Einfachheit der Natur macht einen lebhaften, jedoch kurzen Eindruck auf den Neuangekommenen, der sich fast sofort an derartige Ungereimtheiten gewöhnt; er findet es bald ganz natürlich, daß der Dirigent der bescheidenen Militärkapelle wie ein Aufziehkaninchen mit den Ärmchen fuchtelt, während die Szenerie um ihn herum an die ersten Donnerwirbel der Schöpfung gemahnt.

Wenn der St.-Lorenz-Strom uns an diesem Abend von der Genesis erzählte, so antwortete ihm der Himmel mit Versen aus der Apokalypse. Waren wir, mein Gefährte und ich, die einzigen, die es sahen? Die Gleichgültigkeit der Spaziergänger, die an den leuchtenden Rändern eines Nordlichts scherzten und plauderten, verwirrte mich.

Da ich noch nie ein Nordlicht gesehen hatte, empfand ich zugleich mit der Überraschung eine gewisse Unruhe. Denn es sah tatsächlich so aus, als flatterten riesige, an den Rändern von einem geheimnisvollen Licht bestrahlte Falten eines Vorhangs inmitten des schwarzen Himmels, wie unter der Einwirkung eines machtvollen, aus den Tiefen der Unendlichkeit kommenden Luftzugs. War es, wie man manchmal behauptet, eine vergrößerte und ferne Spiegelung der polarischen Eismassen? Ich wußte es nicht, konnte nur schauen und schweigen.

Am nächsten Tag erfuhr ich, daß man in Sainte-Anne-de-Beaupré eine rosa, ins Rote gehende Färbung in dem durch das Phänomen erhellten Himmel beobachtet hatte, und daß einige darüber in Angst und Schrecken versetzt worden waren. Da erinnerte ich mich an den inneren Schock, den ich drei oder vier Wochen davor verspürt hatte, als mir fast unmittelbar über der Hügellinie eine Art von rotem und blinkendem Auge erschienen war, der Planet Mars. Einige Tage später brach der Krieg aus.

Ravenna

Die Stadt des Honorius, der als Kaiser über den ganzen Westen herrschte, ist von einer seltsamen Schmucklosigkeit. Das war mein erster Eindruck, als wir gestern abend durch Ravenna fuhren. Aber nach dem Abendessen machten wir noch einen Spaziergang durch die menschenleeren Straßen, gingen von Piazza zu Piazza, wo Paläste von gebieterischer Schönheit prangten, ganz zu schweigen von den Kirchen und den massiven Stadttoren, die nicht weit voneinander entfernt liegen.

Ravenna läßt sich ebensowenig beschreiben wie eine Landschaft oder ein Berg. Man könnte höchstens auf Emotionen zurückgreifen. San Vitale ist das Kaiserreich von Byzanz. Das Äußere, die dunkelrosa Ziegelfassade, wirkt auf den ersten Blick sehr streng, aber die Linien dieser achteckigen Kirche, die eine ebenfalls achteckige Kuppel einschließen, prägen sich dem Geist so vertraut ein, daß man glaubt, schon einmal hier gewesen zu sein. Das Innere ist Pracht und Glorie. Durch die Alabasterfenster fällt ein gefiltertes Licht auf den Marmor und das Gold der Mosaikbilder. Die Wände erzählen uns die ganze Geschichte des Glaubens, und die Szenen sind voneinander durch Gewölbeleisten mit Blumen und Akanthusblättern getrennt. Ich habe pochenden Herzens den von Engeln umgebenen bartlosen Christus in der Kuppel betrachtet, und die Gruppen der Heiligen in ihren langen, weißen, geradfaltigen Gewändern. Die Engel fliegen symmetrisch. Wir befinden uns in Gegenwart der sichtbar gewordenen unsichtbaren Kirche, einer lebendigen Kirche.

Die San Vitale umgebende Wiese verlängert dieses Gefühl ruhigen Glücks, und ganz am Ende steht das Mausoleum der Galla Placidia, dessen strenges Äußere auch wieder nichts von der Pracht der kostbaren Mosaikdekorationen im Inneren ahnen läßt. Aber hier ist der Hintergrund nachthimmelblau, denn wir sind in einem Grab. Der Reichtum an Details ist wunderbar und erinnert an die schönsten römischen Kunstwerke. Die Motive in Form von Schneekristallen, Weinranken und Schlangenlinien in Trompe-l'œil sind von einer Präzision, die den unpersönlichen Blick unserer Fotoapparate in den Schatten stellt. Und um das Vertrauen der Seele im Jenseits des Todes zu zeigen, sieht man hier Hirsche an einem Teich, dort Tauben aus einem Rundgefäß trinken.

Ob im Mausoleum der Galla Placidia, in San Apollinare Nuovo, im seltsamen, der Kirche zurückgegebenen Baptisterium der Orthodoxen oder im Neonischen Baptisterium – dieses ist byzantinisch –, überall finde ich die gleiche kontinuierliche Begeisterung, die gleiche intensive Freude, aber ich entdecke sie wie einen verborgenen Schatz. Wenn die Bilder von einer solchen Kraft sind, wird man nachdenklich in Hinsicht auf die angeblich so unbedingte Notwendigkeit der langen und mühsamen theologischen Auslegungen.

Die Basilika von San Apollinaro in Classe, wo das Auge nicht mehr weiß, wo es verweilen soll, weil es von einem Wunder zum anderen wandert. Der mit den zum Gebet geöffneten Händen stehende Heilige im Chormosaik ist von ergreifend ruhiger Schönheit, gehüllt in sein taubenblaues, mit goldenen Punkten geschmücktes Meßgewand, während sich zu seiner Rechten eine Schafherde nähert, zutraulich, mit erhobenen Köpfen. Man schaut ihn nur einen Augenblick an, und schon gleitet der Blick höher, über ihn, auf ein riesiges goldenes Kreuz in einem unermeßlichen, mit Sternen übersäten Rund und noch höher auf einen von roten, blauen und gelben Wolken umschlossenen Kreis, in dessen Mitte ein erstaunlicher Christus ein Buch in seiner linken Hand hält und mit der rechten segnet, vielleicht aber auch erklärt – die Geste ist mehrdeutig –, daß wir achtgeben sollen auf die letzte Stunde, die ohne Vorwarnung schlägt.

Vom Palast Theoderichs ist nichts geblieben; die blinde Ziegelmauer, die man so nennt, war wahrscheinlich nur der Eingang zu einem Wachtgebäude, und sie läßt ahnen, wie groß und bedeutsam das Gotenreich gewesen sein muß. Wir gehen an den roten und niedrigen Festungsmauern entlang und überqueren die Kanäle von Ravenna, denn die Stadt ist auch ein Hafen, und plötzlich ragt die monumentale graue Masse des Mausoleums Theoderichs vor uns auf. Es gemahnt an eine vollkommen gelöste geometrische Aufgabe. Im ersten Stockwerk dringen die Strahlen der untergehenden Sonne direkt durch die Öffnung einer quadratischen Tür in den kreisrunden Raum, und das Porphyrbecken, in das der König gelegt wurde, glänzt wie schwarzes Blut.

Der Architekt der Sorbonne baute diese *neue Stadt* für den Kardinal, der Herzog und Pair geworden war, und damals mußte sie das gleiche Aufsehen erregt haben wie heute die Neusiedlungen von Evry oder Sarcelles, nur war hier der Entwurf schön. Allerdings sieht alles zu sehr nach Entwurf aus, diese viereckige Stadt mit ihren rechtwinkligen Straßen, wie in Monpazier oder im wiederaufgebauten Mannheim. Die Häuser gleichen sich, und die Residenzen der Hauptstraße, eine wie die andere, eifern denen der Place Royale nach. Unser Kardinal hatte für alles vorgesorgt, Justizpalast, Markthallen, ein Museum und ein Gymnasium, das er Akademie nannte – schon damals. Vor Ledoux wollte er seine eigene Stadt haben, eine sich selbst genügende Stadt. Und dieses Andenken ist geblieben.

Der Park des von der Revolution zerstörten Schlosses wurde von einem entfernten Verwandten des Kardinals der Universität von Paris vermacht. Lange Kastanienalleen schließen große Rasenflächen ein. Diese herrliche Grünanlage tröstet über die Trockenheit des Gesamtplans hinweg. Aber auch hier keine Überraschung, nicht einmal eine Biegung in einer dieser großen Avenuen. Der schöne Park birgt kein Geheimnis, dafür aber die Majestät einer bewundernswerten Intelligenz und einen gewissen Charme, einen seltsamen Charme allerdings, der allen Traum vermissen läßt, den Charme der Vernunft. Der Wind blies, und die gelben Blätter flogen wirbelnd um uns herum, während Kastanien vor unsere Füße fielen. Das Wasser der Kanäle war so schwarz wie das in den Cypress Swamps, und doch schien mir South Carolina nie ferner. Ich fand es amüsant, hier an die Wälder der Neuen Welt zu denken, wie im vorigen Jahr in New York, als ich in meinem Zimmer auf der vierundzwanzigsten Etage die Augen schloß und mir vorzustellen versuchte, ich sei auf der Spitze des Minaretts von Kairouan.

Rieti

Das Tal hat sich den ganzen Tag lang im goldenen Glorienschein gezeigt, und selbst in der Hitze des Nachmittags lag alles wie in eine liebliche Sanftmut gehüllt – nein, strömte sie aus. Die Felder, die Obstgärten, die kleinen Wälder, überall diese Atmosphäre von Glückseligkeit, die einst den heiligen Franziskus von Assisi betörte. Auf dem Blau des Himmels hoben sich weit in der Ferne die schneeigen Gipfel ab, als ob die Berge dem Zwecke dienten, dieses Paradies zu beschützen. Wir haben die Dörfer auf den Hügelhöhen besucht, und erst als die letzten Sonnenstrahlen die Mauern in ein orangefarbenes Licht tauchten, sind wir in Rieti angekommen. Die Stadt war sehr belebt, ratternde Mopeds verjagten uns auf die Gehsteige, aber Punkt sieben Uhr leerten sich plötzlich die Straßen innerhalb weniger Minuten. Dieses Phänomen hatte ich bereits in Pisa beobachtet. Insgeheim nannte ich es die Prosciutto-Stunde. Wir gingen zum Abendessen.

Später schlenderten wir ziellos durch die nächtliche Stadt. Nirgends ein Licht, alle Einwohner schienen sich in Luft aufgelöst zu haben. Die großen und schönen Herrenhäuser lagen still nebeneinander in den gespenstischen Straßen. Sie stehen und warten tapfer auf den Tod, denn sie sind leer. Man bemüht sich zwar, die schönsten Paläste zu erhalten und zu restaurieren – es sind in der Tat verlassene Paläste –, aber Barrieren warnten uns in ihrer stummen Sprache, achtzugeben, weil Dachziegel oder Mauersteine uns auf den Kopf fallen könnten und wir das Schicksal des Pyrrhus riskierten. Trotzdem dringen wir weiter vor. Häuser reißen gähnend ihren Schattenmund zur Straße hinaus auf, und wir blicken in verlassene Höfe, steigen Treppen zu Stockwerken hinauf, über denen sich der offene Himmel wölbt. Das Echo unserer Schritte eilt uns voraus, prallt plötzlich an eine schwarze Mauer. Eine schmale Straße endet in einem leeren Hof, und wir lauschen einem Brunnen, der in einer Gasse unter uns plätschert.

Wir machen einen langen Rundgang, ohne einer Sterbensseele zu begegnen, als ob wir in den Straßen der Zitadelle der Tartarenwüste spazierengingen, in jenem legendären Bam, das im Herzen Persiens schlummert. Endlich wieder Licht, wir sind auf den Platz des erzbischöflichen Palais gelangt, und hier bietet die hell erleuchtete Konditorei alle nur erdenklichen Eisspezialitäten feil, und sie sind köstlich und vielfältig wie in den berühmtesten Eissalons von Paris oder Amerika. Aber zehn, fünfzehn Meter weiter ist es wieder die Stadt der Stille und der Nacht. Noch nie habe ich ein so eigenartiges Gefühl empfunden, und als ich am nächsten Tage das lärmende Treiben bei hellem Sonnenlicht wiederfinde, glaube ich fast, den gestrigen Abend geträumt zu haben.

Am folgenden Abend führt uns der geheimnisvolle Spaziergang wieder in die verlassenen Straßen zurück, und es ist, als ob Rieti bei Anbruch der Nacht in einen Zauberschlaf verfiele.

Rom

Anfang Juni 1918 kam ich in Rom in der Wohnung meiner Schwester Mary an. Mit einer ausladenden Geste wies sie auf das Fenster, von dem man einen herrlichen Ausblick auf St. Peter hatte. Wie in einem Traum sah ich zum ersten Mal diese ferne Kuppel, die sich vor einem wolkenlosen Himmel abhob, und ich fühlte mich von einer überwältigenden Freude erfüllt. Es verschlug mir die Sprache. Und was hätte ich schon vor einer Gruppe leicht spöttischer Italiener Originelles über die Kuppel des Petersdoms sagen können?

Früh am nächsten Morgen stürmte ich auf die Straße hinaus. Nachdem ich eine Droschke herangewinkt hatte, bat ich den *Vetturino,* mich zur Jesuitenkirche zu fahren, der berühmten, für den Reichtum ihrer Ornamente und ihr unnachahmbares Trompe-l'oeil-Gewölbe gepriesene Chiesa del Gesù. Leider gelang es mir nicht, mich verständlich zu machen, und ich schrie vergebens dem Vetturino immer wieder »Gesù« zu. Er hielt mich wahrscheinlich für einen überspannten religiösen Schwärmer, zuckte resigniert die Schultern, gab seinem Pferd die Peitsche und fuhr im Trab davon.

Mein erster Aufenthalt in Rom dauerte nur drei Wochen. Am Abend führte man mich ins Varietétheater, wo ein berühmter Komiker namens Petrolini auftrat, den man unbedingt großartig finden mußte und der mir die Welt verleidete, aber nicht wegen seiner Boshaftigkeit, sondern nur weil er mir dumm und abgeschmackt schien. Man zeigte mir das Forum und das Kolosseum. Im Petersdom tat ich, wie mir geheißen, hob die Hand, um sie mit den in einer Kapelle herumschwirrenden Marmorenglein zu vergleichen, die mir kleiner schienen, jedoch, wie ich feststellen konnte, viermal größer als ich waren. Ich bewunderte alles, was man mir zu bewundern empfahl, wie die schwindelnde Höhe der Gewölbe, das Gold, in dem die Decken der Basiliken erstrahlten, das Exquisite und das Kolossale, alles. Ich war glücklich, in Rom zu sein. Aber als ich mich in der so alten und so wunderbar schönen Kirche von Santa Agnese fuori le Mura befand, fühlte ich mich von einer solchen Freude ergriffen, daß mir die Worte auf den Lippen erstarben. Alles ringsum war ländlich und grün, und in diesen Mauern herrschte eine Stille, die aus der Zeit der Apostel zu kommen schien. Hier fühlte ich den Glauben, er wehte wie die Luft, ich atmete ihn, hätte gewollt, daß er mich sterben ließe, um ewig zu leben. Was Sankt Peter mir nicht zu geben vermocht hatte, erhielt ich hier in dieser kleinen, zwischen Wiesen und Bäumen versteckten Kirche im Überfluß. Sie erinnerte sich bestimmt noch an die ersten Märtyrerpäpste, sie umfing den Besucher mit einem stummen Gebet, das ihn sanft dieser Welt entzog. Diese Verzückung dauerte einige Minuten an, und ich ging mit Bedauern fort, weil man immer fort gehen muß, weil alles enden muß, immer...

Jahre sind vergangen, und ich bin wieder in Rom. Heute früh im Petersdom. Es ist so bedrückend, daß ich nichts verstehe, nicht einmal sehe. Alles in diesem Gebäude scheint darauf aus zu sein, den Besucher zu erstaunen und einzuschüchtern. Man bespannte gerade die ungeheuren Pilaster mit rotem Samt, und ich schaute den *Sanpietrini** zu, wie sie sich auf den Karniesen entlangbewegten. Einer ließ sich auf einer Art von Schaukel, die sich den Wänden entgegen immer höher schwang, hinaufhieven, bis er endlich seine Kameraden erreichte. Fast hätte ich aufgeschrien, als ich ihn durch den leeren Raum fliegen sah, aber im Augenblick, da er an den Pilaster prallen sollte, gab er diesem einen Fußtritt und schwang sich mit seinem kleinen Sitzbrett wieder in die Höhe.

Muß ich gestehen, daß mich diese Kirche nicht mehr berührte als eine Bahnhofshalle? Ein rebellisches Herz, fürchte ich, pochte in meiner Brust, als ich unter dem Kolossalgewölbe herumspazierte. Es war Gründonnerstag, und wir wollten die Altarwaschung sehen. Diese Zeremonie zieht viele Leute an, und wir bahnten uns mit Mühe unseren Weg. Um uns herum wurde aus vollem Halse gesprochen. In einer Ecke der Basilika schiebt sich eine unendlich lange Schlange von Gläubigen unter dem langen Hirtenstab eines vor Müdigkeit fast ohnmächtigen Kanonikus vorbei; er ist ein beleibter, blasser, in ein purpurnes Moirégewand mit Hermelinbesatz gekleideter Greis, und seine müde Hand bewegt sich unsicher, um diesen langen Stock über so viele Köpfe zu senken. Auf seinem Thron sieht er wie ein römischer Beamter auf einem Freskogemälde von Piero della Francesca aus. Doch dann verlöschen die Kerzen, und der letzte Psalm verklingt.

Die Menge bewegt sich auf den großen Barockaltar

* Arbeiter, die ausschließlich im Petersdom beschäftigt sind. (Anm. d. Autors)

von Bernini zu. Lautes Stimmengewirr. Die Gläubigen plaudern fröhlich, Gesänge hallen von allen Seiten der Basilika, antworten einander, rufen sich wieder und scheinen sich zu suchen wie Blinde. Man gießt Wasser auf den Altar, nachdem ein donnernder Lärm verkündet hat, daß Christus soeben gefangengenommen worden ist. Dieser Lärm wird durch den Sturz einer gewaltigen Büchermasse erzeugt, die das Echo noch verstärkt. Jetzt schreitet der Klerus zum Hauptaltar. Drei Bischöfe zuerst, dann ein Kardinal, es ist Pacelli, wischen den Altarstein mit an Gerten befestigten Strohwedeln. Es folgen andere Prälaten, Kanoniker und Benefizianten, und schließlich einige Chorknaben, die niemanden interessieren. In diesem Augenblick umgeht die Prozession unsere Gruppe, was ein solches Gedränge verursacht, daß wir uns nicht mehr rühren können. Alles lacht und schwatzt wie auf einer großen Kirchweih. Hinter mir schreit jemand mit schriller Stimme: *»Ma dove è quel piccolo cardinale?«* Im gleichen Augenblick kommt der Kardinal vorbei. Er ist von bewundernswerter Würde, seine großen Augen wirken etwas starr, fast ein wenig schielend. Ich habe gerade Zeit, ihn zu erkennen, denn er geht sehr schnell und verschwindet sogleich. Kardinal Pacelli. Ein wenig weiter lachen Soldaten und unterhalten sich wie auf der Straße. Ein prächtiger Gendarm mit Zweispitz und rotem Federbusch lächelt einer Frau zu, die ihm schöne Augen macht. Sie nähert sich ihm geschickt, und ich sehe, wie sie ihm einen gefalteten Zettel zusteckt. Dann gehe ich hinaus und stehe unter den Kolonnaden von Bernini, verblüfft, erstaunt und enttäuscht zugleich...

Es ist kein Wasser, sondern Wein und Öl, das man am Gründonnerstag über den Altar von St. Peter gießt. Und der, der die Gläubigen unter seinem Hirtenstab vorbeiziehen läßt, ist kein Kanonikus, sondern ein Großpönitentiar.

Kurz nach der Mittagsstunde stand ich mit etwa tausend Menschen auf dem Petersplatz. Auf dem Balkon der *Loggia* erschien der Pontifex Maximus, um die ihm zujubelnde Menge zu segnen. Er saß auf dieser *Sedia,* die, wie man mir sagte, ihm ein so großes Unbehagen bereitet. Hinter ihm wogten die *Flabelli**. Im großen Fenster rechts von der Loggia bildeten die Kardinäle einen prächtigen johannisbeerfarbenen Fleck. Auf dem Platz brüllten Hunderte deutscher Katholiken »Heil!« und streckten den rechten Arm empor. Andere winkten mit Taschentüchern. Diese oft beschriebene Szene ist gewiß sehr rührend, aber was die Religion anbetrifft, so sehe ich nichts davon in alledem.

In Frascati. Oberhalb der Villa Aldobrandini liegt ein kleiner, mit einem Zypressenwall umgebener Brunnen. Selbst bei hellichtem Tage wirkt dieser Ort nächtlich, fast grabesstill, und das bezaubert mich. Ich schlendere durch die Gärten der Villa mit einem Glücksempfinden, das ich nicht zu beschreiben vermag. Es gibt nichts angenehmeres als diese im Schatten grüner Eichen liegenden Terrassen und diese Wassertreppe, deren Frische mich unter dem glühendheißen Himmel durchdringt. Gern wäre ich auf dem Brunnenrand sitzen geblieben, hätte dem Plätschern der Kaska-

* Fächer. (Anm. d. Ü.)

den gelauscht und den kühlen Schatten genossen. Aber ich mußte weiter, zur Villa Falconieri...

Die heute ziemlich zerfallene Villa Mondragone gehört den Jesuiten, die dort eine Schule eingerichtet haben. Ich saß eine kurze Weile im Salon, einem großen Raum, der sich an die vergangene Pracht zu erinnern scheint. In einer Ecke ein ziemlich stümperhaft ausgestopfter dicker Tiger aus Java, in einer anderen ein Kind, das mit einem Finger auf den Tasten eines verstimmten Klaviers klimpert. Hier haben früher die Borghese Hof gehalten und Bälle veranstaltet. Jetzt hören diese Wände, die einst gezupften Lauten und gegirrten Madrigalen lauschten, nur noch die Gespräche der Jesuitenpater mit den schwarz baumwollbehandschuhten Eltern. Aus dem Fenster sehe ich die endlos bläuliche Ebene, in welcher Rom einen riesigen rosa Fleck bildet, und ich denke an die Schüler und Lehrer, die angesichts einer so herrlichen Landschaft gähnen und dösen. Aus einer alten Gewohnheit, die ich wohl nie ablegen werde, genoß ich die Langeweile unter einem neuen Aspekt und versuchte, mich in die Lage einer Person zu versetzen, die sich in dieser Schule wie eingesperrt vorkäme und sich beispielsweise fragen würde, ob sie wohl je das Glück hätte, in Paris zu sein und nicht mehr diesen entnervenden Blick auf Rom ertragen zu müssen...

In den Gärten der Villa Torlonia sind die Stufen der großen grauen Steintreppe mit schwerem grünem gepreßtem Samt überzogen, ähnlich dem Genueser Samt, und es ist Moos.

In San Clemente habe ich unten, im tiefsten Dunkel der unteren Kirche, im Mithraeum eine ganze Weile verbracht und mir die in den Fels gehauenen Tische angeschaut, an denen die Priester aßen, den runden Stein, auf den der Opferstier den Kopf stützte, bevor man ihm die Gurgel durchschnitt, und das Becken, in das das Blut rann. Das alles stellte ich mir lebendig und im Schein der Fackeln vor, das Brüllen des Opfers, die Stimmen der Priester, den Geruch des Bluts...

Eben sah ich mir in einer Kirche * auf der Via Appia den *Heiligen Sebastian* von Giorgini an. (Giorgini oder Giorgetti, je nach den Kunsthistorikern, genau weiß man es nicht, aber beide Bildhauer waren Schüler Berninis.) Er liegt dahingestreckt unter einem Altar, in einer jener wollüstigen Posen, die den Ärger der Protestanten in Rom ein wenig rechtfertigen, aber schön ist er. Zu schön. Ein gemarterter Apollo, der zur Heiligen Therese der Santa Maria della Vittoria ein würdiges Pendant bildet. Der heidnische Gott hat sich in die christliche Kirche eingeschlichen, um in aller Ruhe unter dem Altar seines Rivalen zu schlafen.

In den Katakomben las ich nicht ohne Ergriffenheit diesen von der Hand eines verfolgten Christen in den Stein geritzten Satz: »Sankt Peter und Sankt Paul, betet für uns.« Diese im Jahre 1919 freigelegte Inschrift läßt vermuten, daß die beiden Heiligen hier zuerst beigesetzt worden sind.

Als ich in den Thermen von Caracalla eine von knorrig geästeten Steineichen gesäumte Allee sah, dachte ich an die herrlichen Alleen unserer Plantagen in den Südstaaten.

Die schönsten Fenster Roms sind meiner Meinung nach die eines großen, verfallenen Hauses mit brök-

* Basilica di S. Sebastiano. (Anm. d. Ü.)

kelnder Fassade, das auf den Palazzo del Commendatore hinausgeht; sie sind fast quadratisch und mit dicken Kreuzbalken, wie im Mittelalter.

Der Palazzo Spada, in dessen Fassade eine Fülle von Skulpturen gemeißelt ist, kann gewiß als das Hübscheste gelten, das es in seiner Art gibt. Ein unmäßiger Wunsch zu gefallen ist ihm eigen, und es gelingt ihm auch, aber er wendet unlautere Mittel an. Im Hof ist die ganze erste Etage mit Statuen schöner junger Mädchen und Männer geschmückt. Im Inneren füllen die *Ignudi*, die nackten Stuckfiguren, dicht aneinandergedrängt die Galerien und drücken sich an die Wände, um den Besucher durchzulassen. Hier muß einmal ein reicher und geistreicher Besessener gewohnt haben. Heute beherbergt das Gebäude ich weiß nicht welche Büros, und man begegnet fast nur Beamten mit hinter das Ohr geklemmten Federhaltern, aber welche Gedanken geistern in diesen Mauern! In der Bibliothek des Erdgeschosses bittet uns ein Museumswächter, Platz zu nehmen, während er am anderen Ende des Saals eine Tür öffnet, die auf einen Hof hinausgeht. Auf der gegenüberliegenden Seite sehen wir einen langen Säulengang. »Auf wie viele Meter schätzen Sie diesen Gang, Signori?« Ich sage dreißig Meter, Robert zwanzig. »Gehen wir hinein.« Wir überqueren den Hof und geben erwartungsgemäß laut unser Erstaunen kund. Die Kolonnade ist nicht einmal acht Meter lang. Ein Trompe-l'oeil. Der Autor dieses köstlichen Scherzes ist Borromini. Oh, welch eine reizvolle Epoche, in der man mit Steinen zu witzeln wußte!

Gleich nebenan eine extravagante Barockkapelle. San Girolamo. Der Abendmahlstisch ist ein langes, in

Marmor gemeißeltes Tuch, das an jedem Ende von einem Engel mit großen Flügeln gehalten wird. Der eine hat bewegliche Schwingen, die sich auf einem Scharnier wie eine Tür in ihren Angeln drehen. An den Mauern prächtige Einlegearbeiten aus Marmor. Gemälde aus Marmor sind mit Marmorschnüren an Mormornägeln aufgehängt, denn hier imitiert der Marmor alles, Metall, Stoffe, Holz, und man hat fast das Gefühl, daß der Marmor sich auch selbst nachahmt und nur eine Marmorimitation ist. Das alles entspricht einer seltsamen Mentalität, der ich beim besten Willen nicht folgen kann. Gewiß, ich liebe die Überraschung, die verblüffende Wirkung einer Scheinperspektive zum Beispiel, aber hier wird es zu einer manischen Besessenheit, zur Paranoia, wie Dali sagen würde.

Jeden Tag habe ich allein lange Stunden auf dem römischen und dem augustianischen Forum verbracht. Dort fand ich mehr Schönheit als überall sonst in dieser Stadt. Diese nicht von der Zeit, sondern von den Menschen in Trümmer gelegten Tempel sind ein Musterbeispiel ewiger Vollkommenheit. So klein das Fragment eines römischen Werks auch sein mag, es trägt eine Welt in sich, die mir grenzenlos erscheint, womit ich sagen will, daß in ihm fast die gesamte Kunst oder das, was das Wesen der Kunst ausmacht, enthalten ist. Danach kann es nur noch Wiederholungen geben, bestimmt sehr brillante Wiederholungen, aber auch wie viele alberne Äfferei! Ich saß vor dem Steinrelief der *Suovetaurilia**, auf dem man ein mit Bändern ge-

* Feierliches Lustrationsopfer aus Schwein, Schaf und Stier. (Anm. d. Ü.)

schmücktes Schwein sieht – wilder und furchterregender als ein Kriegsschiff –, dann einen Hammel und schließlich einen Stier, der die ganze Majestät Roms in sich vereint. Eidechsen liefen zu meinen Füßen über den sonnenheißen Boden. Als ich aufblickte, sah ich den *Septimius-Severus-Bogen* und links davon die *Rostra*. Wie viel religiöser als St. Peter erschien mir diese vom Blitz erschlagene Landschaft!

In Tivoli notierte ich mir diese Monumentalinschrift am Küchentor einer großen Kaserne: »Lieber einen Tag wie ein Löwe leben als hundert wie ein Schaf!«

Nicht weit vom Titusbogen entfernt liegt die ziemlich unscheinbare San-Bonaventura-Kirche, unter deren drei Altären sich jedoch sehr seltsame Reliquien verbergen. Es ist ratsam, den Sakristan um ein Licht zu bitten, worauf man eine Kerze erhält, mit der man sich behelfen muß. Unter dem ersten Altar liegt ein gut erhaltenes Skelett in einem Glassarg und nimmt eine elegante Pose ein, über die man nicht zu lächeln wagt; er hat die Beine übereinandergeschlagen und den Ellbogen auf eine leicht geöffnete Hand gestützt. Seine Kleidung entspricht der eines Sängers in einer Oper des XVIII. Jahrhunderts, die Brust in einen Panzer aus Tüll und Goldbrokat eingeschnürt, auf dem Schädel ein Hut mit weißem, leicht angegrautem Federbusch, die Kniescheiben mit Bandschleifen geschmückt. Es ist der Märtyrer St. Flavian, den man vor zweihundert Jahren so aufgeputzt hat.

Unter dem zweiten Altar liegt sein Pendant, eine Dame in einem reizenden königsblauen Kleid mit roten

Rosen, das Nattier* entzückt hätte. In ihren mit Silbertüll behandschuhten Fingern hält sie eine Glasblume, an der sie zu riechen scheint, und um ihren kahlen und grinsenden Schädel zu stützen, hat sie kokett den Arm auf rosa Kissen gebettet, die sie kaum eindrückt. Wer ist sie? Man konnte es mir nicht sagen. Schließlich liegt noch unter dem Hauptaltar eine schreckliche Mumie in einer Mönchskutte, und dieser von der Zeit ganz verwitterte Gegenstand sind die Überreste des 1751 gestorbenen St. Leonhard. Und ich weiß nicht, wer grauenhafter ist, dieser erdfarbene Mönch oder die in seiner Nähe ruhenden Ballettfiguren.

Kehrte nach San Bonaventura zurück, um mir die gestern gesehenen barocken Heiligen etwas aufmerksamer anzuschauen. Auch bei genauester Betrachtung entgeht einem immer ein Detail. Es ist eine Rosenkrone, die St. Flavians Haupt schmückt, und sein silberner, mit Straußenfedern bestückter Helm liegt zu seinen Füßen; in der Hand hält er eine Art von Papierpalmenblatt, auf dem sein Name geschrieben steht. Die Heilige, deren Namen ich nicht kannte, und die sein Pendant ist, heißt Colomba; ihr Rock ist mit Türkischrot gefüttert, die silbernen Netzhandschuhe ähneln denen, die die Frauen heute wieder tragen. Wie hätten die beiden, so wie sie sind, Baudelaire gefallen!

Abends im Kino an der Piazza Barberini. In der Pause öffnet sich die Decke von der Mitte aus wie eine Schiebetür, und über uns erscheint der Palazzo Barbe-

* Jean Marc Nattier (1685–1766), französ. Maler, bekannt durch seine Damenporträts. (Anm. d. Ü.)

rini mit seinen hochmütigen Fenstern, eingeschlossen in einen Traum, aus dem wir ausgeschlossen sind.

In einem Anbau von San Giovanni Decollato befindet sich ein kleines, dem Andenken der Toten gewidmetes Museum, in dessen Vitrinen die Kleider der einst zum Tode Verurteilten ausgestellt sind. Man sieht auch die kleinen bemalten Tafeln, die die Priester ihnen vor die Augen hielten, damit sie nicht das Schafott sahen. Schrecklich, das winzige Zimmer, in dem sie die Messe hörten, bevor sie abgeführt wurden. Und in einer Ecke steht der schwarze Korb, in den man den abgehauenen Kopf legte. Ich dachte an Beatrice Cenci und ihren jungen Bruder*, die wahrscheinlich von dort aus ihren letzten Weg gegangen sind.

In Rom nicht völlig glücklich zu sein, ist lächerlich, denn die Glückseligkeit ist im Licht, und das Licht Roms ist schwereloser als irgendwo sonst auf der Welt.

* Beatrice Cenci (1577–1599), eine reiche Römerin, deren tragisches Schicksal zahlreiche Gedichte und Romane sowie die Tragödie *Die Cencis* von Shelley inspiriert hat, wurde mit ihrem Bruder wegen Anstiftung zum Mord an ihrem Vater, der sie mißhandelt, eingesperrt und möglicherweise geschändet hatte, zum Tode verurteilt und hingerichtet. (Anm. d. Ü.)

Savannah

Wenn ich einem Europäer eine Idee von der Eigenart der Südstaaten vermitteln wollte, welches Bild würde ich wählen? Man stelle sich ein schönes englisches Haus vor, wie Dickens es beschrieben hat, und verlege es in eine Landschaft von Rimbaud.

In einem Haus, in dem meine Mutter ihre Jugend verbracht hat, setze ich mich hin, schaue mich um und tue so, als sei ich nicht nur ein Besucher. Ich bin allein. Vom Fenster aus sehe ich das hübsche Haus im Kolonialstil, das Thackeray bewohnt hat, als er hier war und einige Kapitel seiner *Virginians* schrieb. Von der anderen Seite des großen schattigen Platzes höre ich die melodische Stimme einer Negerin, die ihr Obst verkauft. Tiefe Stille im Hause, wo alles glänzt; die geneigten Spiegel, die Möbel aus dunklem poliertem Holz, der schwarze Parkettfußboden. Nur dreißig Minuten von hier steht ein Haus, dessen rosige Säulen in der Waldeinsamkeit schimmern, zwischen Bäumen, die aus einer schreckensvollen vorgeschichtlichen Zeit zu stammen scheinen, und auf dem Wipfel des höchsten dieser Bäume schreit ein Urwaldvogel sein unheimliches Gelächter der Sonne entgegen. Ich weiß nicht, warum ich an das alles denke, während ich dieses unschuldige Klavier betrachte, zu dessen Klängen junge Mädchen in Reifröcken getanzt haben. Aber es ist mir, als dränge sich im Süden eine barbarische und bedrohliche Natur bis an die Schwellen der zerbrechlichen Häuser mit ihren hellen Säulen vor. Sie umgibt uns mit ihren Aasgeiern, Schlangen, Alligatoren und ihrer alptraumhaften Flora. Und dann diese Melancholie, die aus dem Weltenbeginn zu kommen scheint.

Nichtsdestotrotz stammte meine Mutter von hier, und sie war fröhlich, geistreich und gütig, und ihr Schritt, ihre Stimme und ihr Lachen werden mir immer in Erinnerung bleiben.

Gestern zeigte ich Robert das Haus, das mein Großvater kurz vor dem Sezessionskrieg hatte erbauen lassen. Genauer gesagt, wurde der Bau am gleichen Tage beendet, als Oberst Beauregard das Fort Sumter bombardierte, also am 12. April 1861. Es ist ein großes ockerfarbenes Haus im Tudorstil, auf der einen Seite von Sykomoren umsäumt und die gotische Veranda halb im Schatten der Bananenbäume verborgen. Mein Lieblingszimmer ist die dunkle und warme Bibliothek mit spitzbögigem Kamin, in dem riesige Scheite lodern, und den Porträts von Lee und Stonewall Jackson, den Gipsbüsten, den etwas schief hängenden Bildern, den Büchern mit den abgegriffenen Einbänden. Der gotische Stuck zerfällt, die Farbe bröckelt, und doch hat alles auf eine dem Süden eigene Art seine Pracht von einst bewahrt. Im ersten Stock ist das Zimmer, in dem Sherman geschlafen hat. Und hier hat er wahrscheinlich am 24. Dezember 1864 an Präsident Lincoln geschrieben, um ihm Savannah als Weihnachtsgeschenk zu offerieren. Es ist nicht wahr, daß der General dieses Haus beschlagnahmt hat, aber mein Großvater war Engländer, und indem er ihm seine Gastfreundschaft gewährte, wollte er nur damit seinen Freunden und Verwandten im Süden die Demütigung ersparen, einen Sieger bei sich zu Hause empfangen zu müssen.

Ich frage mich, welcher Name besser zu dieser Stadt

gepaßt hätte als dieses zugleich so lieblich und so wild klingende Savannah. Ich bin immer wieder überrascht, es in einer Zeitung gedruckt zu sehen, und dabei ist die Tatsache, daß hier vor kurzem eine Währungskonferenz stattfand, durchaus nicht erstaunlich, denn es gibt Banken in Savannah, Geschäfte, Fabriken und die ganze moderne Abscheulichkeit in all ihrer unerträglichen Komplexität, aber daneben hat sich etwas anderes erhalten, etwas, das die Zeit noch nicht zu zerstören vermochte, eine Stadt, die in ihren Schatten und Düften träumt.

Man nennt Savannah die Stadt der Bäume, und es sieht wirklich so aus, als hätten die Bäume sich ihrer bemächtigt. In den meisten Städten, selbst in Paris, hat man den Eindruck, daß die Bäume dazu da sind, die Pläne der Architekten zu verschönern; und man hat sie gelehrt, sich schön aufrecht und in Reih und Glied entlang den Avenuen zu halten, zu gehorchen und zu dienen, während sie sich in Savannah, ihrer Überlegenheit bewußt, große Freiheiten herausnehmen. Aber sie sind gutmütige Riesen, und wenn wir in ihrer Nähe vorbeigehen und sie väterlich ihre unheimlichen Äste über unseren Köpfen bewegen sehen, glauben wir fast, sie »mein Kind ...« murmeln zu hören.

Einer der eigenartigsten Sätze, die ich je gelesen habe, ist der von Aristoteles, in dem er sagt, daß die Bäume schlafende Wesen sind. Einige Eichen in Savannah träumen bestimmt von den Zeiten, als die Stadt noch nicht existierte, als bronzefarbene Adler sich auf ihren langen Ästen niederließen, und wahrscheinlich träumen sie auch von dem ganz nahen Urwald, dessen Stunde wieder kommen wird, wenn die Stadt nicht mehr existiert. Diese großen prophetischen Gestalten verleihen Savannah eine besondere Feierlichkeit. Sie bedrohen nicht, ermahnen nur gütig, sagen uns, daß unsere kleinen Städte mit der Zeit verschwinden, und daß die Vegetation wieder ihr Recht ergreifen wird. Eines Tages wird der Baum die Axt mit dem Fuß zertreten und die Säge in seinen Wurzeln zermalmen.

Wenn der in Savannah flanierende Besucher sich von den lärmenden und nichtssagenden Hauptverkehrsstraßen abwendet, wird er vielleicht die melancholische Schönheit der alten Stadt zu schätzen wissen und noch lange den Anblick der Alleen mit den rosa Ziegelgehsteigen in Erinnerung bewahren, auf denen der Schatten des zitternden Laubs wie eine schreibende Hand ihre Linien zeichnet. Häuser im neoklassizistischen Stil um die *Squares,* die keine Überfälle rothäutiger Krieger mehr zu befürchten haben, und auf denen nur noch der Singsang des seine Wassermelonen feilbietenden Schwarzen zu hören ist. Gegen 1750 flüchteten sich die Anwohner beim ersten Alarm in die großen *Carrés,* die sich in einer geraden Linie aneinanderreihten und von Zäunen geschützt waren. Und dann prasselte ein Regen jener Pfeile mit Flintsteinköpfen auf die Belagerten nieder, die die kleinen Amerikaner noch heute in den Wäldern finden. Aus diesen Carrés sind die schönen Plätze Savannahs entstanden, auf denen man noch etwas von der Neuen Welt, wie Chateaubriand sie sah, wiederfindet, mit der unwandelbaren Szenerie weißer Säulenfassaden, auf denen sich die Schatten der Sykomoren und Magnolienbäume langsam von morgens bis abends bewegen. Nur wer diesen Schatten mit den Augen nicht gefolgt ist und sich dabei seinen Träumereien hingegeben hat, der kennt den Süden nicht.

Der Fremde, der ein bißchen in Eile ist, merkts nichts von alledem. Man muß dort gelebt und sich in diese Langeweile vertieft haben, um den besonderen Reiz dieser verwunschenen Stadt in der Erinnerung zu genießen. Über dem ganzen unteren Süden, zu Recht *Deep South* genannt, herrscht eine Melancholie, die um so schwerer zu beschreiben ist, als sie in einem krassen Widerspruch mit der charmanten Geselligkeit der Einwohner steht. Denn ist es nicht das Land der melodischsten Stimmen, der auserlesensten Höflichkeit, der köstlichen Mint Juleps*, die man gemächlich auf den Veranden trinkt, und der Bälle? Woher kommt diese Traurigkeit, die ihren Schleier über die strahlendsten Nachmittage wirft? Oft habe ich es mich gefragt. Ist es die Erinnerung an eine glückliche und glanzvolle Epoche, die mit einer ungeheuerlichen Katastrophe endete? Oder ist es diese zugleich so prächtige und unheimliche Natur, die sich wie große graue zerlumpte Gestalten zum Himmel streckenden Eichen mit ihrem *Spanischen Moos,* jenen langen Baumhaarfransen, die so seltsam in der reglosen Luft erzittern? Wer vermag es zu sagen? Aber ein bißchen von alledem ist in diesem von Sehnsucht und Nacht erfüllten Namen enthalten.

* Mixgetränk aus Bourbon, frischen Pfefferminzblättern und gestampftem Eis. (Anm. d. Ü.)

In einer erstaunlichen Hitze und einem die Straße verschlingenden Licht sind wir gegen Ende des Nachmittags in den Gärten des Paradieses spazierengegangen (ist Paradies nicht ein persisches Wort?). Sie erstrecken sich vor dem königlichen Palast. Kanäle durchfließen die Rasenflächen, hie und da von winzigen Schleusen und Wasserfällen unterbrochen, deren Plätschern zwischen den Mauern der Riesenzypressen ganz köstlich klingt. Überall Rosenbüsche und Baumalleen, und alles das am Fuße eines Bergmassivs, wo nie etwas wachsen wird. Welch ein ergreifender Kontrast zwischen den riesigen gelben Barrieren, die einen Teil des Himmels verbergen, und dieser paradiesischen Oase, in der alles zum Vergnügen des Menschen geschaffen ist! Warum kann ich die »nie wieder« flüsternde innere Stimme, die ich so oft höre, nicht zum Schweigen bringen? Doch genießen wir lieber die Luft, die nach der Siedeofenhitze, aus der wir noch vor einer Stunde kamen, ein wenig frischer geworden ist.

Im Palast des Regenten Karim Khan Zend, einem kleinen achteckigen Pavillon, dessen Wände von zehntausend rosa und roten Blüten übersät sind. Man restauriert ihn mit fanatischem Eifer, wie man es überall im Lande tut, aber hier sind die Farben so zart gewelkt, daß es aussieht, als widersetzten sich die Blumen jedem Versuch einer Auffrischung. Jede Einzelheit in diesem winzigen Palais ist ein Wunder. Große weiße Vorhänge halten an der Tür das Licht zurück, und selbst der Garten taucht ganz und gar in einen grünen Schatten...

Heute früh am Grabe des Dichters Hafis, ein langer und hoher, mit Inschriften oder Ghaselen überladener Alabasterstein unter einer von kleinen Säulen getragenen Kuppel. Ringsum Zypressen, Unmengen von Rosen, Samtblumen, Heliotropen. Der Dichter ruht in der Tiefe eines Gartens, von dem aus man die langen Mauern der sandfarbenen Berge sieht. Ich weiß durchaus den Reiz und die Pietät des Ganzen zu schätzen, aber ich habe mich nie sonderlich für diese Art von Denkmälern erwärmen können und auch nicht für das bei fast allen so tief verankerte Gefühl, das man Totenkult nennt. Gebeine und sterbliche Überreste mögen noch so verehrungswürdig sein, bei mir erwecken sie kein religiöses Gefühl. Aber die Ehrung des Dichters ist nichtsdestotrotz ein Zeichen hoher Zivilisation. Das Grab von Keats auf dem protestantischen Friedhof in Rom bedeutet mir aber seltsamerweise doch etwas, weil er es ist. Und auch Quinceys Grab ...

Danach besuchte ich die Residenz eines privaten Lebemanns, dessen wohlwollendes Mondgesicht mit dünnem schwarzem Schnurrbärtchen auf einem Foto zu sehen ist. Der muß sein Glück genossen haben ... Aber wann mag dieses Traumhaus erbaut worden sein? Es ist eine große, langgestreckte und niedrige Villa; riesige weiße Leinenvorhänge umgeben die Terrasse und halten die Hitze fern. Man tritt ein und glaubt seinen Augen nicht; kleine Spiegelflächen, über die sich ein Netz unzähliger Blumen erstreckt, und man kann sich leicht vorstellen, daß eine Fee sich unter diesen funkelnden Decken häuslich niederlassen würde.

Der Garten ist ein Ort des Entzückens. Eine Überfülle von Rosen, umspült von kleinen Kanälen. Ein großer runder und schnurrbärtiger Steinkopf – das Porträt des Besitzers? – sperrt den Mund auf und speit sehr artig von früh bis spät alles Wasser, das man will. Welches Leben kann man in einem solchen Rahmen führen? Das Haus selbst begann zu verfallen, aber man restauriert es. Im Augenblick scheint das Restaurieren die Hauptbeschäftigung des Landes zu sein. Wie überall verbergen große weiße Leinentücher das Innere vor dem Licht.

In der relativen Frische des Nachmittags begeben wir uns zur Vakil-Moschee, auch Rosenmoschee genannt, denn dort wird diese Blume, für die Schiras berühmt ist, besonders verehrt. Ein endlos langes Bassin trennt die beiden Hälften des großen Hofes, den der spitzbögige Rundgang eines unter dem unerbittlichen Licht wohltuend tiefen und dunklen Klosters umgibt. Der übergroße *Iwan* oder halbüberdachte Moscheenhof, der das ganze beherrscht, ist mit vieltausend glänzenden Rosen auf grünem und blauem Email bedeckt, die dieser Gebetsstätte so gut wie alle Strenge nehmen. Gewiß, sie stammt aus dem XVII. Jahrhundert, das hier wie anderswo immer nur lächeln will, aber sowie man die Schwelle des Heiligtums übertritt, ist man erstaunt, im Halbdunkel einen Wald aus schweren Säulen zu sehen, um die sich ein dicker gemeißelter Zopf windet. Sind sie wirklich so zahlreich? Einige erkennt man kaum in den Tiefen dieser geheimnisvollen Zone, die sich von dem, was draußen der phantastische Rosengarten verspricht, sehr unterscheidet. Dank meiner etwas pedantischen Genauigkeit gelingt es mir, die Anzahl der Säulen zu berechnen; acht Zwölferreihen, aber je nach dem Blickwinkel, aus dem man sie betrachtet, scheinen sie bunt durcheinander aufgestellt zu sein, während anderswo die Regelmäßigkeit vollkommen ist, und dann verfliegt ein Teil des Zaubers, aber dieses kleine bißchen Hexerei macht mir einen Riesenspaß. An einer der hinteren Mauern erhebt sich ein Mihrab aus Stein und Alabaster bis zu einer reichverzierten Nische, wo, wie ich vermute, der Offiziant die Gebete sprechen wird. Wieder in den Hof zurückgekehrt, werde ich es nicht müde, all diese Rosen zu bewundern, die den Eindruck vermitteln, als hätten sie sich seit vorhin vervielfacht. Es ist der in das Leben verliebte Islam, den ich hier finde.

Ein kurzer Spaziergang führt uns in die sogenannte bedeckte Straße, einen langen und herrlichen Basar, wo man uns Gegenstände zum Kauf anbietet, die zwar hier sehr schön aussehen, uns jedoch in unseren Pariser Wohnungen weniger gefallen werden. Ich habe es schon oft festgestellt. Alles was zu den türkischen Nippes zählt, verträgt die Reise nicht. Der orientalische Charme läßt sich nicht exportieren. Wie viele scheußliche Wasserpfeifen habe ich gesehen, die im Souk die herrlichsten Genüsse versprachen . . .

Hier, in dieser Passage, deren Ende man nicht sieht, erhellen runde Öffnungen im gewölbten Dach die Butiken der Teppiche, der Schmucksachen zu den verführerischsten Preisen, der Keramik, des oft sehr feinen Porzellans und der Glaswaren, die ebenso zart sind wie die von Venedig. Und über all den Auslagen schweben die hochgehängten Kleider in allen Farben, rosa, himmelblau, weiß, Kleider ohne Ende, die je sieben Frauen eines ganzen Blaubartregiments, fröhlich im schwachen Luftzug schaukelnd. Man ermüdet bald nach einigem kurzen Kramen in den Butiken, wo so vieles kaum Verwendbare uns in Versuchung führt, wie diese Berge von metallenen Teekannen, die man ständig zum Kesselflicker bringen muß, weil sie nach einem Monat wie ein Baby zu nässen beginnen. Da ist es ratsamer, sich eine Weile in einem der sehr angenehmen Cafés auszuruhen, einem sechseckigen Pavillon mit einer Sitzbank längs den Wänden, wo beturbante Diener heißen Tee in Gläsern servieren. Ist die Sitzbank ein bißchen hart? Es gibt auch Diwane, auf denen man sich ausstrecken kann, die Füße auf Teppichen, die eines Padischahs würdig sind. Von hier aus überblickt man die sehr belebte Straße mit dem ewigen Hin und Her der schwarzgekleideten oder in geblümte Stoffe drapierten Frauen, die schamhaft ihren Mund verhüllen, und ganz in der Nähe ist ein kleiner runder Platz im Schatten einiger sich über ein Kühle spendendes Wasserbassin neigender Bäume. Weit, weit entfernt ist man hier von allem ... Schiras, Oase inmitten einer Wüste, hat den Reiz seiner wie durch ein Wunder aus dem Sand entsprossenen Gärten. Wie schön wäre es, dort zu bleiben und in diesem Café aus *Tausendundeiner Nacht* zu plaudern.

Von den Gärten Santa Barbaras, der Festung der Medici aus, glüht Siena am Abend rot unter einem Gewitterhimmel. Im aufblitzenden Wetterleuchten flammen die ganze Stadt und der Horizont immer wieder für Sekunden wie eine plötzlich von zu starkem Scheinwerferlicht angestrahlte Theaterkulisse auf. Der Campo, dieses sich etwas zur Seite neigende Becken, ist umrandet von Bauwerken aus rosa Ziegel, Spitzbogenhäusern und dem Palazzo Pubblico, dessen schmaler, feiner, mit einer schweren Zinnenkrone bestückter Turm sich in einen schwarzblauen Himmel streckt. Es ist einer der Orte auf Erden, wo sich am meisten Schönheit verschanzt hat; wir sind bereits in den ersten Tagen der neuen Ära der Barbarei, und diese auserlesene Architektur sieht uns in einer Unwissenheit versinken, die sich für wissenschaftlich hält. Hier betrachtet uns die Vergangenheit mit Verachtung und ein wenig Mitleid. Überall, auf den Caféterrassen oder auf den Stufen der *Fonte Gaia,* lungern die ewigen Taugenichtse herum, die in ihrer Jugend und Armut so charmanten Burschen. Sie wenigstens erkennt der Turm wieder, wenn auch die Nichtsnutze der Renaissance malerischere Kleider trugen. Ich sage »Nichtsnutze« und »Taugenichtse«, weil es der Jugend gut ansteht, und ich meine es keinesfalls in irgendeinem moralischen Sinn!

Das Nationalmuseum mit seinen Malern der Frührenaissance gab mich wieder der mystischen Welt zurück, in der ich mich immer so glücklich und frei gefühlt habe. Die großen Madonnen von Duccio mit dem so unvergeßlichen Blick, weil er auf die innere Heimat gerichtet ist, nach der ich in der modernen Welt so elendiglich schmachte, sie alle sagen mir das gleiche: »Worauf wartet ihr noch, ihr in der Nacht verirrten Christen?« Die gleiche Sprache, den gleichen Ruf fand ich auch in den folgenden Sälen in den Bildern von Sassetta, Piero di Cosimo, Giovanni di Paolo und all den anderen mystischen Malern in einem nicht minderen Grade wieder, nur anders in der Form, zuweilen mehr anekdotisch als kontemplativ. Und doch haben sie mich im wahrsten Sinne des Wortes bezaubert. Ein Engel, der Johannes eine Flasche mit tiefschwarzer Tinte reicht, aus der die Apokalypse hervorgehen wird, darüber mag man lächeln, aber gleichzeitig regt diese zusammenfassende Symbolik, die Baudelaire begeistert hätte, zu Träumereien über das Geschick des Dichters an.

Im Duomo. Ich finde die mit Ornamenten überladene Fassade scheußlich und fast so *wedding cake* wie den Mailänder Dom. Im Inneren sind die herrlichen Pfeiler so hoch, daß sie schmal wirken, aber sie sind schwarzweiß gestreift wie die Strümpfe, die man einst die Knaben tragen ließ. Die Kanzel von Niccolo Pisano ist schön in ihrer Anlage, aber auch von Ornamenten überladen, wie eine zu blumenreiche Predigt. Gehen wir weiter. Es mag die Liebhaber solcher Dinge schokkieren, aber mir ist diese ganze Schaustellung bis zur Sakristei ein Graus.

Zum Glück gibt es im Dombaumuseum dieses Wunder, diese großartige *Maestà* von Duccio, ein einzigartiges Werk an Schönheit in seinen zugleich kühnen und harmonischen Farbtönungen, das weder Worte noch Fotografien auch nur annähernd wiederzugeben vermögen. Man ist wie in einem weiten Paradies, in welchem Christus und seine Mutter triumphieren, und für den, der es aufmerksam betrachtet, wird es zu einer innigen und tiefen Andacht, die die Seele und das ganze Wesen erfüllt. Ich verweilte dort lange Zeit, fühlte mich sanft mir selbst enthoben und fast berührt von dieser physischen Gegenwart Gottes. Ich zähle diesen Tag zu den schönsten meines Lebens.

Meines Wissens vermag kaum eine andere Schule als die von Siena uns so leicht und so direkt in die Gefilde des Traums zu führen. Die Florentiner regen uns nicht an, die Erde zu verlassen, sie sorgen sogar dafür, daß wir uns auf ihr wohl fühlen, während Duccio oder Sassetta uns ganz sanft aus dem Leben hinausführen. Das Siena des XV. Jahrhunderts wird immer die Heimat derer sein, die sich in ihrer Zeit wie in der Verbannung fühlen. Ich habe mit Bedauern von dieser Malerei Abschied genommen, mit müden Augen und schwerem Herzen. Ich weiß nicht, wohin wir gehen, ich begreife nicht den *Nutzen* dessen, was wir tun. Alles scheint mir eitel und falsch, außer einigen Gemälden, einigen Musikstücken, einigen Gedichten. Um auf allen möglichen Wegen das verlorene Land wiederzufinden, das Siena mich heute ahnen ließ . . .

Auf dem Platz, wo wir den Wagen gelassen haben, stellen wir fest, daß die Schlüssel im Armaturenbrett stecken, und die Türen sind verschlossen. Ein sehr hilfreicher Mann holt ein Stück Draht, und nach einigen Verrenkungen und vergeblichen Versuchen öffnet er uns die Tür mit dem Lächeln eines Gentleman. Wir essen in Monteriggioni zu Mittag, einem kleinen, inmitten von Feldern liegenden Dorf mit einer Festungsmauer und dicken Türmen, die Siena zur Verteidigung gegen die Florentiner dienten. Dante vergleicht im neunten Kreis der Hölle die »Giganten, die vom Nabel abwärts im Schacht stehen« mit diesen Festungstürmen.

Stockholm

Kaum haben wir unsere Koffer ausgepackt, da treibt es uns hinaus zu einem Spaziergang in einem kleinen Park in der Nähe, einem Park voller herrlicher Bäume und fröhlich in der kalten Luft flötenden Amseln. Eine gibt ihr Lied auf der Faust einer Bronzestatue zum besten. Reihen buntbemalter Häuser, Birken, alles, was den Norden verkündet, dieses wunderbare Land, von dem ich immer geträumt habe. Aus dem Wenigen, was ich bisher von den Leuten sah, stellte ich fest, daß der Menschenschlag hier wie auch anderswo sich ein wenig in der Silhouette verändert hat. Unter den Jugendlichen bemerkte ich viele schlaksige Bohnenstangen mit der unvermeidlichen langen blonden Haarmähne, und die Blue Jeans herrschen vor. Man spürt den gleichen gemäßigten Sozialismus wie in Wien. Stille oder nur wenig Geräusch auf den Straßen und Wegen. Die Statue stellt Linné dar, und der Park – so erzählte man uns später – ist ein Treffpunkt der Drogensüchtigen. So war also mein erster Spaziergang ein Besuch der Drogenszene!

Im Museum die *Verschwörung der Batavier* von Rembrandt mit den über einen Tisch gekreuzten Schwertern und dieser majestätischen einäugigen Gestalt im goldenen Licht. In einem anderen Raum das Porträt der Königin Christine von Sébastien Bourdon – diese Züge, die zu großen blauen Augen, die große Abenteuernase, ein unvergeßliches Gesicht.

Im Museum der prähistorischen Altertümer. Ein Mantel aus der Bronzezeit interessierte mich besonders.

In einer Vitrine ist ein in einer Begräbnisurne gefundener Stoffetzen ausgestellt, und danach hat man dieses große Cape der Weltendämmerungszeit rekonstruiert. Ein sehr eleganter Tweed mit einem beigefarbenen Rautenmuster auf schmutzig-weißem Grund; eine massive Goldbrosche in Halshöhe muß das Ganze von vorn geschlossen haben. Wahrscheinlich trug ein Häuptling dieses Gewand, das eine Mischung aus Mönchskutte und Reisemantel ist und das man auch heute noch tragen könnte, ohne Aufsehen zu erregen... Ich hatte ein seltsames Gefühl angesichts all dieser Überreste einer so lange vergangenen Zeit, und es war mir, als durchzöge mich die gesamte Menschheit wie eine Hauptverkehrsstraße. Sie ist ganz ich, und ich bin ganz sie. Ich habe existiert, als sie zum ersten Mal zu den Wolken aufblickte, und ich werde bis zum Ende in ihr sein, falls es ein Ende gibt. Ich kann nicht sterben. Ihr Herz ist mein Herz, und es hat eben erst zu schlagen begonnen. Was ich »leben« nenne, ist nichts weiter als das Bewußtsein, das die Menschheit von sich selbst hat. Dieses Gefühl empfand ich in einem solchen Maße, daß mir unsere Todesangst plötzlich als das tragischste Mißverständnis erschien, unter dem wir je gelitten haben; und sie entspringt wahrscheinlich der unheilvollen Konfusion zwischen uns und unserem Körper. Aber wie soll ich davon sprechen? Denen, die wissen, was ich meine, scheinen diese Dinge ganz natürlich, weil sie sie selbst so empfunden haben. Die anderen würden mich für verrückt halten. Das Eigentümliche an diesen Ideen, die mir kommen – und die allmählich allen kommen werden, weil nichts sie voneinander trennt, wie ja auch nichts die Wassertropfen eines

Ozeans voneinander trennt –, das Eigentümliche an diesen Ideen ist, daß sie solange keinen Wert haben, als sie im Bereich des Intellekts bleiben, weil man sie *erlebt* haben muß.

Ich habe mich in den Garten der königlichen Bibliothek gesetzt. Zwei Dinge sah ich, die mir besonders aufgefallen sind. Zuerst zwei Zwerge, die nebeneinander im Fonds einer Luxuslimousine saßen, der eine von der Größe eines Siebenjährigen, der andere viel kleiner und viel älter, und auf seinem winzigen, ganz verhutzelten Gesicht lag ein Ausdruck von Verzweiflung, wie ich ihn noch nie in den Zügen eines Menschen gesehen habe. Ich war fassungslos, und ich hätte gern diesen Unglücklichen etwas sagen wollen, brüderlich zu ihnen reden, aber der böse und gehässige Blick des Älteren entmutigte mich. Und wer wäre an seiner Stelle nicht boshaft gewesen? Einige Minuten später kam ein junger Mann an mir vorbei, dessen Gesicht jenen Triumph widerspiegelte, der das Glück und das Bewußtsein großer körperlicher Schönheit ausdrückt. Und da habe ich einen Augenblick lang diesen Unbekannten beneidet, mir vorgestellt, wie herrlich das Leben eines so vom Schicksal begünstigten Menschen sein müßte, mir fast gewünscht, ihm zu gleichen. Aber dieser junge Herr ist vielleicht ein Tropf? Freue dich lieber, so sagte ich mir, nicht wie diese beiden armen Mißgestalten zu sein, die im Fonds ihrer Limousine ich weiß nicht wen oder ich weiß nicht was erwarten. Freue dich lieber, daß du auch nicht wie dieser andere bist, der vielleicht weder Ideen noch Träume hat.

In Lidingö bei Carl Milles. In den Gärten des Hauses, in dem er nach der Rückkehr aus Amerika, wo ich ihm begegnet war, seine letzten Jahre verbrachte, hat dieser wunderbare Bildhauer, dessen glattes Gesicht an einen alten Engel gemahnt, die Terrassen mit der Menschheit eines Visionärs bevölkert. Männer, Frauen, Mädchen und Buben lachen, grinsen, tummeln sich in Schwimmbecken, springen himmelwärts oder rollen sich in der Sonne. Wie durch ein Wunder der Schwerkraft schwingt sich dieser Knabe aus Bronze von der Fingerspitze einer übermenschlichen Hand empor; er ist die *Schöpfung des Geistes*. Die all diesen Körpern innewohnende wilde Freude macht sie leichter als die Luft. Ein junger Mann fliegt vom Flügel eines Pferdes auf; es ist *Pegasus und sein Dichter*. Und diese enorme Bronzemasse sieht aus, als wolle sie sich selbst in die Lüfte erheben. Vielleicht noch nie hat ein Bildhauer in Stein und Metall derartige Dinge ausgedrückt, die zugleich dem Traum und dem anspruchsvollsten Realismus genügen. Das ist Skandinavien im Rausch einer animalischen und jubelnden Kraft und gleichzeitig eine Verneinung des Todes.

Ich liebe es zu sehen, wie die anderen bei sich zu Hause leben, sowohl die Jungen als auch jene, die in ihren Erinnerungen wohnen. Eine Freundin holt uns gegen sechs Uhr ab, und wir gehen ihre Mutter besuchen, eine entzückende alte Dame von altmodischer Eleganz, mit weißem Haar und hübschen grünen Augen in einem anmutigen Gesicht. Ihre Wohnung liegt in einer stillen Straße, die an gewisse Straßen in Mitteleuropa erinnert, und sie ist ganz wie im XIX. Jahrhundert eingerichtet, denn in dieser Epoche lebt die Dame immer noch. Der Sessel am Fenster mit einem kleinen rotbraunen Kissen für den Kopf, helle Möbel, die wie Glas glänzen, ein wenig im Biedermeierstil, und wie angenehm läßt sich dort das furchtbare XX. Jahrhundert verbringen, weil man es nicht sieht. Sie spricht ein Französisch, wie man es früher sprach, und nicht ohne Anmut. An den Wänden zarte Landschaftsaquarelle, Waldschneise, Pfade an einem Seeufer, so wie diese Dame sie gesehen hat, und mit dem Ausdruck eines reinen und liebevollen Herzens. Durch das Fenster, vor dem sich eine große weiße Gardine bewegt, dringt der Duft des Flieders unter dem Regen in Stößen herein und vermengt sich mit der sanften Atmosphäre dieser blassen Wände und dieser schattenlosen Zimmer . . .

Wir begeben uns mit dem Schiff nach Drottningholm. Was mich dort interessiert, ist weder das Schloß noch das Theater, denn alle Schlösser des XVIII. Jahrhunderts gleichen sich mehr oder weniger, und die des XVII. ebenfalls, auch wenn sie königlich und offiziell sind. Möbel, Leuchter, immer das ewige Louis XIV. oder Louis XVI., wie später dann die unvermeidlichen Empireschreibtische. Nein, was ich liebe, ist der Park mit der langen Baumallee – in deren Stammnischen man sich verstecken kann – und der Duft des Flieders, der blühenden *Syrens*. Ganz am Ende der chinesische Pavillon, den man, wie man mir sagt, unbedingt gesehen haben muß. Na schön, aber für mich sind es nur Kindereien der Könige, die sich als etwas verkleiden wollten, das sie nicht sind. Also her mit den Bambusschirmen und den auf Seide gemalten Pagoden!

In der Abenddämmerung kehren wir auf dem Wasser zurück, und die Dämmerung ist ein anderer See, in den die Schatteninseln zu tauchen scheinen, während das Grün der Bäume sich langsam zu einem tiefen Schwarz verfärbt.

St. Petersburg

Bei Sonnenuntergang ging ich am Ufer des Golfs von Mexiko spazieren. Feurige Flecken auf dem blaßgrünen Himmel; zu meinen Füßen plätscherten ruhige, flammen- und türkisfarbene Wellen.

St. Petersburg ist eine der Städte der Vereinigten Staaten, in denen es am wenigsten regnet und in denen die meisten Menschen sterben. Alles, was alt und reich ist, kommt hierher, um unter dem strahlendsten Himmel der Welt zu entschlummern. Drei oder vier Tage in einem guten Hotel kosten nicht mehr als ein bescheidenes Begräbnis in Paris. In einem Laden für Touristen wollte man mir zwei winzige Alligatoren für einen Dollar verkaufen. Einige Hotels sind elegante Sterbehäuser. Sie sind sozusagen getarnte Spitäler für Milliardäre; liebliche Musik durchrieselt die Zimmer, in denen man stirbt, wahrscheinlich um die störenden Geräusche des Todes diskret zu verhüllen.

In Orlando. Diese andere kleine Stadt in Florida ist nicht schön, aber sie hat etwas, das sie in meinen Augen auf märchenhafte Weise verwandelt und verzaubert; sie ist von siebenunddreißig Seen umgeben, von denen ein Dunst aufsteigt, der sich in den Zweigen der reihenweise aufgepflanzten Eichen verfängt. Diese gespenstischen Bäume verleihen den banalsten Avenuen eine ganz außergewöhnliche Majestät.

Die Welt der Etrusker bietet uns abwechselnd die lächelnde und die schreckliche Seite des Jenseits. Hier ist der Tod fast sinnlich, der Körper einer lebenden, unsterblichen Schönheit geweiht, dort nur kalter Schrecken, Nacht, feindselige Erscheinungen, die Dämmerung der verwesenden Städte.

Wir kommen im Museum an, als die Türen bereits geschlossen werden, und da die Stadt verlassen ist, muß es während des Nachmittags sehr leer gewesen sein, aber ein Schließer bietet sich an, uns alles, was wir sehen wollen, zu zeigen, und er tut es mit jener italienischen Freundlichkeit, um derentwillen ich dieses Land mehr als alle anderen liebe. Zuerst gehen wir zu den Gräbern. Hie und da auf einer weiten Ebene über dem Meer verstreut sehen wir kleine Hütten, die jedoch nur aus einem Dach und einer Tür bestehen. Unser Führer öffnet sie uns alle nacheinander, und wir steigen Treppen hinab, von denen einige über zweitausend Jahre alt sind, und dann gelangen wir in ein Grab, aber im Gegensatz zu denen, die ich an anderer Stelle beschrieb, kommt hier kein Grauen auf. Anmutige Bilder schmücken die Wände, auf denen das schöne Ochsenblutrot vorherrscht. Und was sieht man? Auf Matten liegende Männer wie bei einem Festgelage (an eine Szene im Neuen Testament erinnernd), betreut von liebreizenden, fast nackten Jünglingen. Flöten-, Leier- und Harfenspieler erfreuen das Totenfest mit ihrer Musik. Die Pornographie ist auch dabei, oder vielmehr eine Erotik, die die Zeit besiegen möchte, wie in jenem

Grab, in dem Männer sich unter der Bedrohung von Stieren dem Vergnügen hingeben. Doch in alledem steckt so viel Lebensfreude und Ironie, daß es überhaupt nicht anstößig wirkt. In dieser Riesenstadt, die Tarquinia einmal war, nahm man den Tod nicht ernst. Wir sehen ein Dutzend Gräber, auch die der Jäger, junger Männer, die ohne Sattel reiten oder sich an die gigantischen und doch graziös eleganten Pferde lehnen. Alles ist raffiniert, die Farben, die Zeichnung; alles lächelt dem Tode zu auf den Bildern dieses seltsamen Volkes, dessen Mauerinschriften auf den ersten Blick deutlich und klar aussehen, sich jedoch bei näherem Hinschauen als unleserlich erweisen.

Die Stadt ist ganz grau, wenn man von dort herauskommt; die breiten Straßen sind menschenleer, selbst das sich lösende Plakat vor dem Kino schwenkt seine verblaßten Farben im Wind. Man spielt *La Notte*. Von Chiusi bis Volterra und bis zu den Balze*, die sich wellen, als ob die Erde zu voll von Gräbern sei, von der kadaverischen Nekropole Orvietos bis zu den Ruinen von Bolseno, von Vulci bis zu den unterirdischen Gruftgewölben bei Perugia und den Grabhäusern in Cerveteri, nirgends hat etruskischer Boden etwas Froheres hervorgebracht als in Tarquinia. So wie es das Glück im Verbrechen gibt, so gibt es hier das Glück im Tode. Den Banketten des Lebens folgen – man könnte fast sagen ohne Unterbrechung – die Festmahle der Ewigkeit.

* Gemeint sind die großen Einsturzschluchten bei Volterra. (Anm. d. Ü.)

Das sicher auf seinem Festungshügel verschanzte Theben beherrscht eine noch grüne Landschaft, obgleich wir schon mitten im Oktober sind. Diese kleine Stadt ist erfrischend nach dem häßlichen und schmutzigen Athen. Hier sehen die Leute gesund aus; in ihrer bäurischen Wirklichkeit sind sie der Welt der Antike näher. Von allem, was wir über seine glorreiche Geschichte gehört haben, ist nichts geblieben, außer vielleicht dem einen fränkischen Turm, dem Saint Omer Turm*, dem einzigen Zeugen der unzähligen Besetzungen, die Boötien über sich ergehen lassen mußte. Und doch hat Theben mich in so manchen Stunden der Jugend begeistert, als *der Orient, Griechenland und Rom* kein offenes Buch, sondern Ausgangspunkt vieler Träumereien waren.

Auf diesem Hügel, in der Nähe der Quellen und fruchtbaren Felder, haben die Helden für die Phantasien der Zukunft gearbeitet, einschließlich derer des Dr. Freud. Epaminondas, Herkules, Ödipus lebten hier. Die weite grüne Ebene sagt uns, daß die gefräßigen Götter ihre Ernten zu segnen pflegen. Und ist es nicht die Stadt, in der Dionysos geboren wurde? Das allein macht sie uns lieb.

Im kleinen Museum sind ein paar archaische *Kuroi*. Der eine hat ein bogenförmiges Lächeln mit hochgezogenen Mundwinkeln, ein spöttisch provozierendes Lä-

* Im XIII. Jahrhundert von einem Mitglied der fränkischen Adelsfamilie derer von Saint Omer erbaut. (Anm. d. Ü.)

cheln, wie man es bei den Etruskern sieht. Er scheint sich köstlich über unsere Bewunderung zu amüsieren und unserer alternden Welt die Herausforderung seiner Jugend entgegenzuschleudern, aber die griechische Antike scheint ohnehin nicht oft die Existenz des Alters anzuerkennen. Sie billigt Zeus einen Bart zu, läßt ihm aber einen athletischen Körper. Den Naturalismus kennt sie nicht.

Nach dem grandiosen Schrecken Mykenes bietet mir das lächelnde Theben das andere Gesicht meines imaginären Griechenlands, das Griechenland Pindars und Hesiods, das der Bienenstöcke, der sprudelnden Quellen und der Früchte. *»Wenn ich Boötiens König wär ...«* kommt mir da in den Sinn, und diese Operettenkrone wäre wohl die einzige, die mit einem gewissen Glück die der unheilvollen Königsgeschlechter aufwiegen könnte.

Tromsö

Die riesige, wie ein Kamm über den Sund geschlagene Betonbogenbrücke trennt die ziemlich lange Insel, auf der Tromsö erbaut ist, von den ringsum liegenden bergigen Inseln. Siebzigster Breitengrad Nord, etwas unterhalb des Polarkreises. Grönland und Alaska, die auf der gleichen Breite liegen, bieten der Mitternachtssonne ihre verzackten und vereisten Küsten, aber in Tromsö bewirkt die rote Lichtspenderin, die sich kaum einmal hinter den Bergen verbirgt, im Juni, daß die Nacht nicht existiert. Die wenigen Augenblicke, da ein rosiger Schatten fällt, gebieten dem fröhlichen Treiben auf den Straßen keinen Einhalt. In den Sommernächten wird der Schlaf zur Siesta. Man ist ständig im Licht eines Scheinwerfers, der wie zum Spaß seine Intensität variiert, und ich glaube, daß die Blumen nicht recht wissen, was ihnen in diesem Klima geschieht, wo ihre Farben fröhlicher als irgendwo sonst leuchten. Könnte es der Einfluß des Golfstroms sein, der an der norwegischen Küste entlangläuft? Während eines Augenblicks verfärbt sich alles fleischrosa, die Fassaden der Häuser, die Gesichter, die Silberbirken.

Überall Holzhäuser wie in Amerika oder wie in einem Roman von Turgenjew; viele Läden, Buchhandlungen, in denen man alle Kunstbücher findet, die man sich nur wünschen mag. Die große Holzkirche ist lachsfarben, aber das könnte auch die Wirkung des Sonnenlichts sein. Die Schönheit der hiesigen Menschenrasse ist auffallend. Rosige Wangen, goldblondes oder vor allem kastanienbraunes Haar, vollendet schöner Körperwuchs. Hier steht die Anmut beider Geschlechter im Einklang mit einer Natur, die dem Traume nah ist und darin von keinem Lande der Welt übertroffen wird. Ich sitze in einem Park mit Eric, der gar nicht mehr fort will. Dottergelbe Bänke, denn überall scheinen lebhafte Farben ein Muß zu sein. Kinder tollen und lachen um uns herum, und überall diese Musik der norwegischen Sprache. Die Spatzen, die sich um die Bänke scharen, sind hier zänkische Möwen, und sie machen ebenso viel Lärm wie die Kinder. Wir gehen in eine Musikalienhandlung und kaufen Klavierstücke von Sinding, und alles spielt sich mit einem Lächeln ab, alles erklärt sich mit einem Lächeln.

Auf einem Platz oberhalb des Hafens um einen Springbrunnen herum hat sich eine Gruppe junger Leute ins Gras gesetzt. Einer von ihnen macht einen Handstand und unterhält sich dabei ruhig weiter mit den anderen. Dann will ein zweiter Akrobatenkunststücke vorführen und auf den Händen gehen, aber er ist stark angetrunken und fällt immer wieder. Schließlich packen seine Gefährten ihn bei den Schultern und Füßen, und los geht's . . . in einen Pub. Den einzigen in Norwegen, wie es scheint.

Die Sonne wird wieder gelb wie überall auf der Welt, aber die Farben werden deshalb nicht blasser, und die Brücke über dem, was ich einen Meerarm nennen würde, und unter der die großen Schiffe winzig aussehen, tritt aus ihrem aschigen Halbschattendunst hervor, um sich im hellen Sonnenlicht in der Reinheit ihrer feingeschwungenen Linie bewundern zu lassen.

Trujillo

In dieser Gegend Spaniens, die für mich die schönste ist, muß man sich den Besuch der kleinen Konquistadorenstädte verdienen und eine lange Fahrt über endlose und beschwerliche Straßen über sich ergehen lassen. Medellin, Oropesa, Caceres, Zafra. Heute ist es Trujillo. Die außergewöhnliche Schönheit dieser Stadt ist an sich schon eine Belohnung. Die breit angelegte und unregelmäßig geformte Plaza Mayor hat mehr Reiz und wirkt weniger streng als die in Madrid. Die Häuser von verschiedener Höhe, doch alle hübsch, machen sie zu einem Ort des Glücks am Ende der Welt. Einige von ihnen zeigen an ihren Giebeln Wappenschilder von hochmütigem Stolz. Der *Palacio de la Conquista* wurde für Pizarro mit den Einkünften, die er aus Peru bezog, erbaut, und er hat auf sein Wappen in Ketten gefesselte Könige gesetzt. Säulen umrahmen den Balkon, und um sich seiner Gegenwart stets sicher zu sein, ließ dieser Kriegsmann seine Büste und die der Inkaprinzessin, die er geheiratet hatte, an der Fassade anbringen. Die grünspanige Bronzestatue des Konquistadors auf der Kirchenesplanade ist von 1927 und pikanterweise ausgerechnet das Werk eines amerikanischen Ehepaars. Pikant sind übrigens auch der Helm des Reiters und die Rüstung des Pferdes. All dieser sehr bedrohlich aussehende Eisenkram verleiht Francisco Pizarro das Aussehen eines Hummers, der sich in die Schlacht begibt. Hinter ihm ragt sehr hoch, sehr enorm und ganz rosig im Sonnenlicht eine grimmige Art von Ritterburg mit unzähligen Zinnen empor.

Dort muß man hinaufsteigen und sich das alles unter einer entsetzlich drückenden Sonne anschauen, aber ich freue mich immer, wenn ich etwas dazulernen kann, und sage nie nein. Der Wagen fährt uns durch enge, sehr saubere, bachfrische Straßen. Endlich so hoch angekommen, wie der Wagen fahren kann, gehe ich mit Eric in den kahlen Hof der Burg, von dem eine einzige Treppe direkt zu den sich zackig vom Himmel abhebenden Zinnen führt, und dort herrscht eine außerordentliche Stille – alles, was vom geschäftigen Treiben der bewaffneten Männer und Diener geblieben ist. Man kann sich die Stimmen vorstellen, die Rufe, das Lachen, den Schritt der Soldaten, und dann ist die Stille, die alledem folgt, um so ergreifender. Wir machen einen Rundgang über die Festungswälle, hören das Krächzen der Krähen über zwei dicken maurischen Türmen, die man inmitten der anderen zylindrischen Türme stehengelassen hat und die ihre spitzbögigen Tore bewachen. Das Ganze ist äußerst beeindruckend an Kraft und Stolz, an wuchtiger, massiver Macht.

Auf dem Rückweg reihen sich Paläste an Paläste, denn seit Pizarro waren alle jene, die von der Conquista heimkehrten, von dem Wunsch besessen, sich zu zeigen und mit ihren Reichtümern zu protzen. Das Gold Perus und die Edelsteine Mexikos verwandelten sich in fürstliche Residenzen. In der dunklen und riesigen romanischen Santiago-Kirche der oberen Stadt liegen einige Konquistadoren unter Steinplatten begraben, auf denen nichts mehr zu lesen ist, und unter ihnen, wie man erzählt, Francisco de Orellana, der den großen Urwaldfluß irrtümlich Amazonenstrom taufte, weil er dort von Kriegern angegriffen wurde, die er für Frauen hielt, die aber in Wirklichkeit Indianer mit langen Haaren waren. Auf der Plaza nimmt der Schatten der Statue Pizarros bei untergehender Sonne riesige Ausmaße an.

Um an das asiatische Ufer zu gelangen, nahmen wir die Autofähre. Der Bosporus schimmert grau unter dem Nieselregen, und hinter uns taucht Istanbul mit seinen in der Ferne mehr oder weniger hellen Schatten in den grauen Dunst. Die Kuppel der Hagia Sophia ist nicht mehr vom Hügel zu unterscheiden. Wir fahren an einer unheimlichen kleinen Insel vorbei, dem Leanderturm, dem Turm, in dem Hero ihr Leuchtfeuer anzündete und wo ihr Geliebter – später von Byron imitiert, der seinem Sultan zeigen wollte, was für ein schöner Schwimmer er war – vor Kälte erstarrt ankam. Während wir uns von diesem Ort entfernen, werden plötzlich die Verse von Marlowe lebendig:

»... Als Leander dem Ufer nah' ist,
Setzt er die müden Füße auf und fühlt den Sand.
Doch erschöpft, wie er ist, hat er keine Ruh,
bis er an die Tür des einsamen Turms gelangt,
Und nun pocht er und ruft...«

Kaum an Land, verirren wir uns in den endlosen und ziemlich häßlichen Straßen, durch die unser Chauffeur uns fährt. Eric weist ihm den rechten Weg mit diesem Orientierungssinn, der überall, wo er sich gerade befindet, die Eingeborenen in Erstaunen setzt. Endlich sind wir dort, wo wir hin wollten, auf den großen Friedhöfen Asiens, die sich über einen ganzen Hügel erstrekken. Hier scheint die Trauer abwesend zu sein. Überall Katzen. Sie kommen hinter den Gräbern hervor, hinter den Bäumen, man trifft sie in allen Alleen, sie sind zahm und gern bereit, sich streicheln zu lassen. Hie und da zählt eine aufmerksame Katzenmutter ihre Jungen. All dieses Volk wird von den Besuchern an den Gräbern gefüttert. Riesige Zypressen ragen wie schwarze und wohlwollende Gespenster in den grauen Himmel und wachen über die Grabsteine, von denen einige mit einem Fez oder einem Turban aus Stein gekrönt sind. Keinerlei Traurigkeit an diesem Ort der Ruhe, wo die Katzen in toller Ausgelassenheit um die Toten herum Versteck spielen. Ein weißes Marmormausoleum, dem Lieblingspferd eines Sultans errichtet, der es damit über den Tod hinaus mit seiner Freundschaft beehren wollte. Im Nieselregen fallen die kleinen Türkensäbelblüten der Eukalyptussträucher.

Über weitere Umwege in einer reizlosen Landschaft, an Neubauten auf steinigem Boden vorbei, gelangen wir zum Spital von Skutari, dessen österreichisch gelbe Eingangstür sich seit Florence Nightingale kaum verändert hat. Sie hieß *nightingale,* und die Nachtigallen singen nachts in den hohen Zypressen.

Von dort geht es zu den heute sehr verlassenen Süßen Wassern Asiens. Bäume verstreut auf einer Wiese am Ufer eines sich windenden und schlängelnden kleinen Flusses. Einst ließ man sich hier in vergoldeten Barken treiben, zu den Klängen der Schalmeien und Gesänge. Jetzt ist die herrschende Stille so tief, daß man kaum wagt, sie zu stören und zu sprechen, aber man atmet noch das Glück, und die Lust, sich ins Gras zu setzen und zu bleiben, ist fast unwiderstehlich. Die Sonne zeigt sich wieder. Ein oder zwei mehrstöckige Holzhäuser liegen in den Bäumen versteckt. Wir begeben uns bis zum äußersten Ende der regennassen Landschaft in ein kleines grünes Tal, das allen verlassenen kleinen grünen Tälern ähnelt; einige Holzhaufen, ein von Unkraut überwachsenes Flußufer, eine Straße, die nirgendwohin führt...

Auf dem Rückweg überqueren wir die Hängebrücke, die die beiden Kontinente verbindet, ein Meisterwerk an Grazie und an italienischer und englischer Technik, zart wie der Faden der Liebe, der allein die Völker zu vereinen vermag, deren Geister sich nie ganz verstehen werden. Und nun sind wir wieder in Europa – das heißt im Europa der Minarette, der sich unter ihren Riesenlasten krümmenden Träger und der Zickzackinschriften.

Unbekannt, die unbekannte Stadt

Bei Tagesende im Regen in einer unbekannten kleinen Stadt anzukommen, wenn in den Läden die Lichter angehen und das Dunkel die Türme der Kirchen verhüllt, das ist ein banales und doch mysteriöses Erlebnis, dessen ich wohl nie müde sein werde. Ich habe in einem oder zwei meiner Romane versucht, dieses Gefühl zu beschreiben, aber mehr als eine Andeutung ist mir nicht gelungen. Genauer betrachtet, habe ich es nie vermocht, mit rigoroser Klarheit zu sagen, was ich sah und empfand. *Denn was man gut begreift, läßt deutlich sich ausdrücken*... Oh, wie falsch ist dieses Wort von Boileau! Es gibt Tage, an denen mir das, was sich ausdrükken läßt, so weit vom Wesentlichen entfernt zu sein scheint, daß ich mich frage, ob sich das Schreiben überhaupt noch lohnt. Immer wieder muß man die Worte in Reih und Glied einordnen, wie alte dressierte Hunde, die schon längst keinen Spaß mehr an den Kunststücken haben, die man ihrem guten Willen abfordert...

Als Kinder haben wir alle von diesen unbekannten Städten geträumt. Und auf unseren Reisen lassen wir uns manchmal von der Erinnerung an die Namen leiten, die uns einst bezauberten. Die Städte sind Personen, und sie rufen in uns die gleiche Verliebtheit oder Abneigung hervor wie menschliche Wesen. Auf vielen Reisen suchte ich mir mit besonderer Vorliebe die Städte aus, wo meine Träume Wirklichkeit werden wollten. Und auf dieser imaginären Landkarte ist auch die unbekannte Stadt vermerkt, die Stadt, in der man am Abend ankommt, um nur eine Nacht zu bleiben...

Uppsala

Das Schloß von Uppsala mit seinen riesigen weißen Sälen und den schwarzen Deckenbalken hat etwas von einem Kloster, einem Bauernhaus und einem Palast zugleich, und die prächtigen Proportionen verleihen ihm wahre Größe. Keine Möbel, ausgenommen ein paar Stühle aus dunklem Holz, die an den nackten Wänden stehen, wie Buchstaben ganz unten auf einem leeren Blatt...

Die Domkirche wurde leider mit roten Backsteinen wiederaufgebaut, und noch dazu in der schlechtesten Epoche des XIX. Jahrhunderts, aber das Innere hat weniger gelitten. Man öffnet die Tür und befindet sich in einer französischen Kathedrale; im wahren Sinne des Wortes. Etienne de Bonneuil ist aus Paris gekommen, um an dieser Kirche zu arbeiten; aber das steht bestimmt im Reiseführer. Die große Kanzel von Tessin wird allgemein sehr bewundert; ich finde sie zu gradlinig, zu hoch, und wenn es auch den Ornamenten, die sie schmücken, gewiß nicht an Anmut fehlt, so wirken sie wie angeklebt und gehören nicht wirklich dazu; und darin unterscheidet sie sich sehr von jenen exaltierten *Sitzen der Wahrheit* wie die in Mecheln, wo die barocke Überschwänglichkeit sich austoben konnte und selbst an den Strukturen dieser gewichtigen Schränke rütteln durfte. Die Hälfte der Domkirche ist wegen Renovierungsarbeiten gesperrt, aber dank einer Sondergenehmigung konnten wir auch diesen Teil besichtigen. Mit all den Gerüsten und Schattenzonen ist es ein dunkler Wald, in dem bärtige oder gekrönte Könige schlafen, ganz artig auf dem Rücken liegen, in ihr langes Pelzgewand gehüllt, und neben ihnen die endlich stumme Gemahlin. Eric möchte den Sargschrein seines Namenspatrons sehen; gewöhnlich ist er da, aber während der Arbeiten hat man ihn in sichere Verwahrung gebracht. Und wohin? In eine Bank. Sie haben den heiligen Eric auf der Bank deponiert!

Fliederduft begleitet uns in der Altstadt, aber an diesem Spätnachmittag im Juni ist die Universität leer. Die ganze Jugend scheint sich zu einem Stelldichein im Schloßpark eingefunden zu haben, und dort ist ein ständiges Kommen und Gehen; es wird gesungen, geschäkert, leidenschaftlich diskutiert, gelacht. Von der Höhe der Terrasse aus sieht man die ganze Ebene und die ganze Stadt, und es ist wie ein Bild des zukünftigen Lebens, das sich diesen jungen Leuten am Vorabend ihrer Examen bietet.

Diese Stadt, die man nicht sterben läßt und die bei lebendigem Leibe in ihren schmutzigen Wassern verfault, kann ich beim besten Willen nicht liebgewinnen. Ich sehe sie zum zweiten Mal, und ihre Schönheit hat etwas, vor dem mir graut. Sie ist ein Gesicht, auf dem sich die Flecken der Verwesung immer größer und zahlreicher abzeichnen, und die Liebe, die man ihr entgegenbringt, erschien mir immer nekrophil. In meinen Augen gibt es nichts Deprimierenderes als das Sonnenlicht auf diesen alten Steinen.

In San Giorgio degli Schiavoni verweilte ich sehr lange, weil diese Kirche mich auf seltsame Weise beeindruckte. Abgesehen von den Carpaccios hat die Kirche selbst nichts besonderes zu bieten; sie ist ein großer, niedriger, von zwei Gitterfenstern ziemlich schlecht beleuchteter Saal, aber sie schien mir jene magische Eigenschaft mancher Orte zu besitzen, die einem vertraut vorkommen, obgleich man noch nie dort gewesen ist. Die Gemälde hatten, wie gesagt, nichts mit diesem Gefühl zu tun, das ich Entzücken nennen würde, wenn ich dabei nicht gleichzeitig ein gewisses Unbehagen verspürt hätte. Draußen spielten Kinder am Kanalufer, und ihr Geschrei verstärkte und komplizierte noch diesen sonderbaren Eindruck. Gewiß, es gefiel mir, hier zu sein, aber was mich an diesem niedrigen, schwach erleuchteten Saal störte, war dieses *déjà vu* Bewußtsein von solcher Schärfe und Deutlichkeit, daß ich glaubte, irgend etwas müsse sich in meinem Gedächtnis auslösen. Nach einer Weile begann es mir unerträglich zu werden, und ich ging verstimmt fort.

Die Versuchung Christi in der Wüste in San Rocco. Dieses Thema hat nur sehr wenige Maler inspiriert, und ich frage mich, warum. Vielleicht fürchtete man sich davor. Tintoretto behandelte es mit seiner üblichen Kühnheit, räumte ihm aber wenig Platz ein. Einer äußerst gewagten Eingebung folgend, hat er den Satan als ein Wesen von übermenschlicher Schönheit dargestellt, als eine Art von träumerischem Athleten, dessen Arme mit Metallreifen und Edelsteinen geschmückt sind. Mir erschien dieser Satan jedenfalls interessanter und von tieferer Wahrheit als der mißgestaltete Schornsteinfeger, den die Phantasie der frühen Meister erfunden hat.

In San Zaccaria ist mein Führer ein ziemlich anrüchiger Typ, in dessen Mund die ehrwürdigen Namen der Maler Veneziano und Vivarini seltsam ordinär klingen. Er zeigt mir kürzlich entdeckte Fresken; man hatte die Wände nach der Pest in ich weiß nicht welchem Jahr des XVII. Jahrhunderts mit Kalk übertüncht und erst jetzt wieder freigelegt; nachdem ich ihm ein Trinkgeld gegeben habe, bittet er mich noch um eine Zigarette!

Im Speisesaal des Hotels las Bernhard Shaw seine Zeitung, während seine Frau, durch diese Papierwand von ihm getrennt, Nudeln aß. Ein anderes Mal sah ich diesen Schriftsteller, wie er mit sehr sarkastischer Miene eine Szene über sich ergehen ließ, die einem Nervenzusammenbruch ähnelte.

Die Museen und Kirchen. Wozu von Dingen reden, die in den Büchern stehen? Die lyrischen Ergüsse, zu denen Venedig anregt, sind fast immer von sehr schlechter Qualität. Viel nachgedacht heute früh in San Marco und mir lange die alten Mosaikbilder angeschaut. San Marco kommt mir viel kleiner vor, als ich es in Erinnerung hatte. Ein dickes, protziges, orientalisches Juwel. Besuchte die Kerker im Dogenpalast. Dieser herrliche Palast, und auf solch schrecklichen Leiden aufgebaut! Chaos des menschlichen Lebens.

Ein merkwürdiger Zwischenfall. In einer Gasse wird ein Mann verhaftet, und er wehrt sich so heftig, daß man ihn auf die Polizeiwache schleppen muß. Eine Menschenmenge folgt, begierig zu sehen, was passieren wird.

Ich erinnere mich an meinen ersten Besuch in Venedig. Ich war siebzehn Jahre alt. Als ich auf dem Markusplatz stand, glaubte ich, den Verstand zu verlieren. Nichts auf der Welt war mir je so herrlich schön erschienen wie diese Stadt, die man eines Tages zerstören wird, gerade weil sie zu schön ist. Die Luft war warm, und ich sah alles im Flimmerstaub einer triumphierenden Sonne. Wie ein Geblendeter ging ich durch Straßen und Straßen, einen Stadtplan in der Hand, den ich nie benutzte, weil ich mich lieber verlief, und von all diesem endlosen Hin und Her ist mir nur die Erinnerung an einen Schwindelrausch geblieben.

Abends auf der Promenade der Riva degli Schiavoni im glücktrunkenen Licht, geschwätzige Stimmen, die singend sprechen, die sorglose Menge, Matrosen, Mädchen, der Dämon in guter Laune, und die großen und breiten rosa und ambrafarbenen Streifen am Himmel, die malvenblaue Silhouette der Kuppel von Santa Maria della Salute, alles das, was berauscht und verwirrt. Ich habe das Gefühl, auf einem nie endenden Fest zu sein. In der Ferne verhungern ganze Völker, weißt du das nicht? Doch, aber ich stelle fest, daß das Leben in dieser ins Wasser versinkenden Stadt trotz allem immer noch einem Fest ähnelt.

Versailles

Die *Wochenschau* zeigt uns Versailles an einem Tag der großen Wasserspiele. Eine aus einem besonderen Blickwinkel gefilmte Aufnahme hat mich seltsam bewegt. Der Betrachter befindet sich ganz unten auf einer der zur großen Terrasse aufsteigenden Alleen und sieht nur ein kleines Stück der Schloßfassade, da der Rest hinter Bäumen verborgen ist. Musik aus dem XVII. Jahrhundert, leise und rasch, tiefe und geheimnisvolle Klänge, wie das Rauschen eines unterirdischen Flusses. Und da hat sich ein absonderliches Bild in mir festgesetzt, von dem mich den ganzen Abend lang nichts mehr abzulenken vermochte. An einem verlassenen, öden Ort in Amerika, vielleicht in South Carolina, vielleicht auch in Georgia, am Ufer eines breiten, schlammigen Flusses, *sah* ich einen Edelmann vom Hofe Ludwigs XIV. Er liegt im Sand ausgestreckt, und das Blut fließt ihm aus einer klaffenden Wunde. Im Augenblick, da er sterben wird, sieht er noch einmal das Schloß von Versailles, aber nicht bei hellem Tageslicht, sondern im Morgengrauen, noch bevor die Dienerschaft auf den Beinen ist. Und da erscheint ihm dieses Schloß so, wie es im geistigen Sinne ist; als ein Ding aus Blut und Schatten ...

Am folgenden Tag wollte ich Versailles wiedersehen. Dunst dämpfte das Licht, und der blaßblaue Himmel über unseren Köpfen schimmerte grau am Horizont, in einem schönen Violettgrau, wie man es auf dem Gefieder der Tauben sieht. Die noch grünen Bäume schienen schwarz und das Schloß ganz gelb. Ich setzte mich in den Apollohain, der auf dieser Erde einer der Orte ist, wo es sich am besten träumen läßt. Die Stille, dieses geheimnisvolle, unergründliche Etwas, das sich hier verbirgt, alles das gefällt mir. Man ist der Zeit enthoben. Lange habe ich Apollo inmitten seines Hofs betrachtet. Er steht am Eingang eines in den Felsen gehauenen Palasts, von dem man einige Säulen sieht. Über ihm ein Strauß von Bäumen, zu seinen Füßen das Wasser eines Brunnenbeckens. All diese weißen Marmorfiguren wetteifern miteinander in Banalität, und gerade deshalb interessieren sie mich ... Die Langeweile könnte sehr gut ein Bestandteil der Schönheit sein, und die Menschheit bestaunt die Meisterwerke mit einem langen bewundernden Gähnen.

Danach besuchte ich das Theater, das Louis-Philippe, der wahrlich vor keiner Barbarei zurückschreckte, rot anstreichen ließ. Die Ornamente von Pajou sind allerdings sehr schön. Die Bühne und die Kulissen erschienen mir von wunderbarer Poesie, wahrscheinlich wegen der herrschenden Stille – ich war allein –, wegen des großen leeren Raums, und auch weil ich mir wie auf dem Dachboden eines Landhauses vorkam.

Bei strahlender Sonne ist Versailles schrecklich langweilig. Man flüchtet sich in die geheimnisvolle Frische der großen dunklen Alleen, in denen die blinden Götter wachen. Die breiten, von Bäumen gesäumten Wege, die sich im Blau zu verlieren scheinen, das alles ist von einem mysteriösen Reiz – aber wenn man dann plötzlich das große Trianon in seiner unerbittlichen Symmetrie erblickt, glaubt man das vollkommene Bild der Verzweiflung zu sehen. Der Plan des Schlosses, der von ihm ausgehenden Straßen, der großen Stallungen usw., das alles entspricht angeblich einem Sonnenmythos; die Sonne scheint auf das Bett Ludwigs XIV., nachdem sie das Haupt des Apollo am Ende einer Allee berührt hat, die Zahl der Zimmer entspricht den Jahreszeiten, den Monaten usw. Gibt es Dokumente aus dieser Zeit, die derartiges bestätigen? Nein, denn es war scheinbar so allgemein bekannt, daß niemand sich die Mühe gemacht hat, es auch noch schriftlich festzuhalten. In meinen Augen bleibt Versailles trotzdem das mit dem Blut tausender Toter in den kalten Schlamm der Sümpfe befestigte Machwerk eines Größenwahnsinnigen.

Nachts gehe ich in diesen kleinen Straßen, deren mit Backstein gepflasterte Gehsteige im Regen wie kostbares Porzellan glänzen, ein bißchen aufs Geratewohl spazieren und versuche, die Stadt mit anderen Augen als den meinen zu sehen, und ich bin glücklich, wenn meine Phantasie mich so ablenkt, daß ich mich verlaufe und fünf Minuten vor dem Zuhause meinen Weg nicht mehr finde. Niemand, den ich fragen könnte, um mir weiteres Umherirren zu ersparen. Aber das macht mir nichts aus, ich setze meinen Spaziergang mit jenen unsichtbaren Begleitern fort, die ich mir ausgewählt habe, denn desgleichen, wie ich im Geiste während der schlaflosen Stunden des Morgengrauens in meiner fernen Geburtsstadt herumirre, lade ich mir diesen oder jenen Freund von dort ein, mit mir an diesen Häuserreihen entlangzuwandern, die er vielleicht nie sehen wird. Ich möchte ihm ein Amerika zeigen, das er nicht kennt. Es ist eine Art von Spiel, wie sie das Heimweh manchmal erfindet.

So beginne ich im Geist das lange Gespräch, das die Melancholie bannt, und sage zu diesen aufmerksamen Augen: »Schaut euch diese kleinen Häuser an. Solche habt ihr sicher noch nie gesehen.« Es sind sehr einfache Häuser, die ich ihnen da zeige, Holz- oder Backsteinhäuser, etwa hundert Jahre alt, ohne Säulen oder Balkone, und die streng und würdig wirken würden, wenn sie größer wären; aber sie nehmen so wenig Platz ein, daß sie fast wie Spielzeug aussehen. Was soll man von diesen Fenstern sagen, durch die man kaum den Kopf und den Arm zu stecken können glaubt, und von diesen Türen, bei denen man Angst hat, sich an der Oberschwelle den Kopf zu stoßen? Wahrscheinlich ist es nur eine optische Täuschung, die davon kommt, weil die sehr alten Bäume ihre riesigen Äste über die so artigen, geradlinigen Dächer strecken. Diese Eichen, deren Wurzeln das Pflaster heben wie die Hände gichtiger Riesen, und diese in den Nachthimmel ragenden Ahornbäume verfälschen die Proportionen der ganzen Straße. Um den Eindruck dessen, was man hier sieht, wiederzugeben, müßte man die Malerei zu Hilfe ziehen und vor einer Reihe holländischer Häuser aus dem XVII. Jahrhundert die wuchernde Vegetation des Zöllners Rousseau zum Gedeihen bringen. Man könnte sagen, daß hier die Schüchternheit des Menschen die Natur ermutigt, sich selbst zu übertreffen, all ihre Muskeln spielen zu lassen. Diese ohne viel Ordnungssinn angepflanzten Bäume gleichen Titanen, die auf einem Spaziergang stehen geblieben sind, um einen Blick über die Schornsteine zu werfen. Vielleicht würde ich sie nicht so sehen, wenn ich mir eure Augen liehe; im Grunde seid ihr es, die mir die Stadt zeigt.

Gehen wir weiter. Wißt ihr, wo ihr seid? Diese große schwarze Laubmasse, die dort in der Nähe einer Straßenlaterne im Dezemberwind schimmert, ist ein Magnolienbaum, wie man sie in allen Städten der Südstaaten sieht. In Richmond, Charleston oder Savannah stehen sie am Rande der Avenuen, denen sie mit ihren schweren, im Winde reglosen Blättern etwas Geheimnisvolles verleihen; das Laub von dunklem metallischem Glanz umhüllt sie wie die Plättchen einer langen barbarischen Rüstung; gegen Sommerende fallen die großen weißen Blüten lautlos und wie geöffnete Hände zu Boden. Aber hier sind wir nicht in einem der Südstaaten, und dieser von elektrischem Licht überflutete Magnolienbaum wirkt ein wenig wie im Exil.

Die Nacht ist kalt und klar. Folgen wir dieser kleinen Ziegelmauer, deren Farbe welkt. Die Straße wird enger. Keine Bäume mehr. Und plötzlich sind wir in Europa, in einem Europa des Nordens, das zwischen England und den Niederlanden zu zögern scheint, zwischen dem XVII. und dem XIX. Jahrhundert. Welche Stille in diesen Straßen, die wir nacheinander durchwandern!

Die, in die wir jetzt gelangen, scheint noch ruhiger als die anderen. Sie ist kurz, breit und leer, und man sieht sie vor einem Park enden, dessen Tor offen steht. Bei ihrem Anblick denkt man an gewisse Szenen von Dickens, in denen der Charme der viktorianischen Epoche besonders spürbar ist. Ist diese lange blasse Mauer, auf die die Straßenlaterne eine komplizierte Schattenzeichnung kahler Äste wirft, nicht die Provinz, wie sie die großen Romanschriftsteller in Frankreich und in England gesehen haben? Aber dieser mit rosa Ziegeln gepflasterte Gehsteig ist wiederum typisch für hier, typisch für den Süden. Nur sind wir nicht im Süden. Wo sind wir eigentlich? Inmitten welcher reizvollen Provinz? Über dieser Pforte, hinter der wahrscheinlich ein Park liegt, steht etwas geschrieben. Treten wir näher. Was lesen wir da?

Dumbarton Oaks. Wir sind in Washington.

In Weimar fand ich, was ich für das wahre Deutschland hielt, eine der großen Zufluchtsstätten der Poesie. Man versank in eine Traumstarre, in welcher der unauslöschliche Glorienschein leuchtet. Alles wollte ich besuchen. In stummer Ehrfurcht durchwanderte ich die Zimmerflucht im Hause Goethes. In einem fiel mir ein riesiges Junohaupt auf, das in gar keinem Verhältnis zu den etwas steifen Möbeln stand, und weniger durch seine Ausmaße als durch die souveräne Phantasie desjenigen beeindruckte, der es dorthin gestellt hatte. Nichts Geheimnisvolles in diesen hellen Räumen, aber überall die spürbare Gegenwart des alten Olympiers im Schlafrock aus weißem Pikee. Er ging mir ein bißchen auf die Nerven mit seinem ewigen triumphierenden gesunden Menschenverstand, und seine zuweilen übertriebene Hochachtung vor den Mächtigen des Tages gefiel mir auch nicht, aber er hatte der Welt einen Gesang von übermenschlicher Schönheit hinterlassen, und ich war eifersüchtig auf ihn, auf ihn allein.

Das, was man den großen Erfolg nennt, hatte ich nie der Mühe wert gefunden, aber diesen Mann beneidete ich um seine Gaben. Ich redete mir auch ein, daß er mich verstanden hätte, daß er mir ein wunderbarer Ratgeber gewesen wäre – ganz umsonst übrigens, da ich Ratschläge nie befolge. Ich bewahrte den sehr anmutigen Schwimmer in Erinnerung, für den er in seiner Jugend geschwärmt und dessen Tod ihn bestürzt hatte. Dann kamen mir aber auch wieder mit einem schiefen Lächeln die dubiosen Bemerkungen seines

Mephisto beim Anblick der Engel des Herrn in den Sinn.

Im Gartenhaus des Dichters fühlte ich mich ergriffen von dem großen verstaubten Lorbeerkranz auf dem schmalen Eisenbett, seinem Sterbelager.

1929 war die Konferenz von Locarno und der ewige Frieden, den sie den leichtgläubigen Geistern vorgaukelte, bereits in weiter Ferne. Europa war wieder in Aufruhr; in Paris schaute man vor allem besorgt nach Osten, wo ein Unbekannter namens Hitler sein Unwesen zu treiben begann. Aber in Weimar verschwand die Welt von draußen, man befand sich in der ruhigsten Stadt der Welt, und in diesem Traumdeutschland hatte sich nichts verändert; hier schienen sich Musik und Dichtung zum Stelldichein eingefunden zu haben. Man begab sich sozusagen von einem großen Mann zum anderen, vom Haus Goethes zum Haus Schillers, Liszts, Schumanns ...

In der Stadt kommt man ständig vom Mittelalter ins Barock, aber für die Harmonie des Ganzen gibt es nur einen Ausdruck: Charme. Ich habe mich lange bei Frau von Stein aufgehalten, in ihrem langgestreckten, mattgelb getünchten Haus mit den großen, schrägen, von einigen Dutzenden Mansarden unterbrochenen Ziegeldächern, dessen Erdgeschoßfenster von der dichten Laubmasse der in Kübel gepflanzten Orangenbäume verdunkelt sind; das Haus hat etwas gutmütig Majestätisches, wirkt gutbürgerlich und. aristokratisch zugleich. Bei Schiller dagegen ist alles von mönchischer Strenge, und in dieser kalten Atmosphäre brannte eine der großen Flammen der deutschen Romantik. Sehr beeindruckt war ich vom Salon Liszts, den mit schweren dunkelgrünen und dunkelroten Vorhängen drapierten Fenstern und dem in ein schwaches Zwielicht gehüllten Flügel, von dessen Pusztapferdgaloppaden ganz Europa widerhallen sollte. In diesem so gut geschützten Salon wirkt all der Heroismus überwältigend. An der Wand ein Porträt von Beethoven. Er fühlt sich natürlich wie zu Haus in diesem Tumult der Schatten.

Griechische Gottheiten bevölkern die Schloßtreppe; Athene, den Papa Zeus entwendeten Blitz in der Hand, unerträglich in ihrer prüden Strenge, und nicht weit von ihr ein Bacchus, der ein bißchen zu schlapp in seiner Nische kauert, um glaubwürdig zu sein, aber in der Vorhalle stehen massive kannellierte Säulen ohne Sokkel, wie im Tempel von Segesta. Der Ballsaal mit seinen sich auf dem Parkett wie in einem See spiegelnden ionischen Säulen ist von einer vollkommenen Kälte. Da war Goethes Haus menschlicher.

Abendessen beim Grafen Keßler*. Eine Tafel im Kerzenschein riesiger Leuchter, Diener in Livree, einige weiße Blumen, eine zugleich zeremoniöse und intime Atmosphäre, die etwas gezwungene Wohlanständigkeit eines Hofes. Er zeigt mir eine herrliche Sammlung französischer Manuskripte, handgeschriebene Texte von Rimbaud, Briefe von Verlaine, ein Porträt Rimbauds von Verlaine, ein Gedicht von Mallarmé usw., und alles das schmückt die Wände einer Bibliothek... Wir haben uns in Deutschland und in Paris später wiedergesehen. Aber was ist aus den

* Harry Graf Keßler (1868–1937), Schriftsteller, Diplomat und Mäzen; begründete in Weimar die *Cranachpresse*. (Anm. d. Ü.)

Manuskripten und Zeichnungen geworden? In welcher Bibliothek des anderen Deutschland liegen sie begraben? Nichts von dem, was ich dort vor Augen hatte, ist je in irgendeinem Buch oder in einer Ausstellung zu sehen gewesen.

Der Krieg, den Weimar ignorierte, hat Europa auf den Kopf gestellt, und in Europa Deutschland. Dresden wurde zerstört, aber Weimar blieb verschont, abseits in seinem Olymp der Genies, dem einzigen, wie es scheint, der einen Sinn hatte.

Den Gehsteigen entlang ist der Schnee ganz rußig geworden, aber die Dächer der großen gelben Paläste haben ihr blendendes Weiß bewahrt. Raben fliegen langsam über meinen Kopf hinweg, lassen ihre Flügel hängen wie die Schöße eines langen schwarzen Mantels.

Berggasse 19, in der Wohnung Sigmund Freuds. Das Mobiliar ist ein bißchen kleinbürgerlich, aber wie behaglich sieht es hier aus! Der braun-rote Plüschdiwan, auf den sich der Patient legt, ist mit einer Art von türkischem Teppich bedeckt, und ein Kopfkissen sowie ein zusätzliches weiß bezogenes Kissen bieten dem armen verwirrten Kopf eine noch angenehmere Lage. In der Nähe des Fensters, wo Freud schrieb, hängt ein kleiner Spiegel. Er hatte Aussicht auf einen der friedlichsten Hinterhöfe mit einigen Bäumen. Überall Fotos von ihm, in jedem Alter, als Kind, als junger Mann, als Greis, und gegen Ende seines Lebens etwas sehr Edles in seinen Zügen, eine vage Ähnlichkeit mit Maritain. Wie ein junger Mann uns erzählt, kommen jährlich etwa 10000 Besucher hierher, die meisten aus den Vereinigten Staaten.

Dutzende kleiner Köpfe, ägyptische, römische, afrikanische, einige schön, andere von beunruhigender Häßlichkeit, schauten dem großen Mann bei der Arbeit zu – und seinen Patienten. Eine Reproduktion von Caravaggios *Narziß,* der sich begierig über sein Spiegelbild im Wasser neigt, ein Gemälde, das Gide ganz besonders liebte.

Im Park der Hofburg, wo wir in der Sonne sitzen, fällt uns ein großer Grabkranz mit rotweißroter Schleife am Fuße des Kaiser Franz Joseph Denkmals auf. Porträts des Kaisers und der Kaiserin Elisabeth sieht man noch in fast allen Papiergeschäften. Die Wiener sind ziemlich unfreundlich und teilen sich mit den Zürchern den Ehrenpreis der schlechten Laune.

Mittagessen in der französischen Botschaft, einem Herrenhaus im reinsten Jugendstil, 1907 oder 1908 erbaut. Die großen weißen Räume sind mit äußerst feinen und zarten Goldgirlanden verziert. Alles ist von leichter Grazie in diesem Haus. Die schmiedeeisernen Treppengeländer sind Blumenstiele von auserlesenem Geschmack, und das hat mich zu dieser so streng und abfällig beurteilten Kunstepoche bekehrt. Es hat nichts mehr mit dem *style nouille* (dem Nudelstil) der Métro in Paris zu tun, es ist etwas Luftiges, Beschwingtes, das mich entzückt.

Das kleine Geburtshaus Schuberts hat mich zutiefst bewegt. Der Hof mit den Holzveranden, die kleine Küche mit dem Herd, der die ganze Etage heizt (dank einem viereckigen Loch in der Wand, durch das die Hitze strömte), eine sehr dunkle Küche übrigens, und dann die hellen Zimmer ... Wie viele Kindheitserinnerungen, aus denen der unglückliche Engel der Wiener Musik geschöpft haben muß! Wir sind von Zimmer zu Zimmer gegangen, und ich habe an seine gespenstischen Sonaten, an seine herzzerreißenden Lieder gedacht ...

In der Kapuzinergruft, um mir die Gräber der Habsburger anzuschauen. Riesige Särge aus Blei und Silber mit

Putten und kaiserlich gekrönten Totenköpfen verziert. Franz Josephs Sarg ist der einfachste von allen und, wie mir scheint, aus dem gleichen Marmor wie der Napoleons. Die seinem Nachfolger Karl – der in Madeira starb und begraben liegt – geweihte Kapelle mit einer Büste fand ich sehr beeindruckend. Kerzen brennen auf einem kleinen Altar. In den langen, ganz weißen gewölbten Galerien stehen so viele Särge, daß es zu einem Alptraum wird, aber zu einem grandiosen Alptraum. Hier würde man nicht wagen, die Nacht zu verbringen. Hat es je jemand getan?

Ich habe Schuberts letzte Wohnstätte besucht. Das Sterbezimmer ist ein trauriges Kämmerlein, höchstens zweieinhalb mal vier Meter groß, in der selbst ein Armer nicht leben wollen würde. Acht Tage vor seinem Tod schrieb er an Schober: »Ich bin krank.« Der Brief ist in einer Vitrine ausgestellt. Er hatte sich vorgenommen, Kontrapunkt und Fuge zu studieren. Nichts von dem, was man über ihn sagt, berührt mich.

Mittagessen in einem bezaubernden Pavillon im Prater, wo einst die Jagdtreffen der Aristokratie stattfanden. Wir sind ein wenig im Park spazierengegangen, der zuweilen peinliche und störende Jugenderinnerungen in mir wachruft. Wie weit ist das alles jetzt, in schwindelnder Ferne, wie mir scheinen will. Das Alter kommt ohne Vorwarnung. So habe ich es jedenfalls am eigenen Leibe erfahren. Aber in diesen plötzlich auftauchenden Bildern der Vergangenheit ist keine Melancholie. Ich bin wohl doch nicht der perfekte Nostalgiker. Etwas später sitzen wir beim Tee im Kursalon im Volkspark. Die Wiener belächeln uns, weil wir diesen Ort so lieben, wo ein Acht-Mann-Orchester nur Walzer spielt, vor allem die von Johann Strauß Sohn, aber ganz vortrefflich. Nur wenige Gäste und unter ihnen eine seltsame Gestalt, die mir schon früher aufgefallen war. Er ist sehr alt und geht langsam durch den Saal wie in einem Traum, denn er scheint sich nicht zu bewegen, schreitet aber doch voran, eine Teetasse in der Hand. Er hätte Rilke interessiert... Als ob er fürchtete, vom unwiderstehlichen Wirbel dieser zugleich einschmeichelnden und teufelsbesessenen Musik mitgerissen zu werden und dabei diese Tasse, die er wie eine Kostbarkeit hütet, zu verschütten. Ähnliche Befürchtungen steigen auch bald in mir auf, und ich wende mich ab. Vor den Fenstern schweift der Blick über weites Grün.

Abends in der Volksoper bei einer vollendeten Aufführung der *Lustigen Witwe*. Welch köstliche Musik, und der Walzer klingt so leicht, kaum angedeutet, während die ausländischen Orchester ihn zu einem schwerfälligen und abgedroschenen Tingeltangelstück machen. Das Spiel der Darsteller ist von zurückhaltender Feinheit mit plötzlich stark akzentuierten komischen Passagen. Der Auftritt des Betrunkenen ist ein Wunder an Exaktheit und ironischer Eleganz, und zu einer Melodie, die mich zu Tränen rührte, weil ich sie seit meiner Kindheit in der Rue de Passy kenne. Mein Vater hatte uns 1907 den Klavierauszug aus Wien mitgebracht, und meine Schwester Mary spielte uns alles vor. Übrigens ist diese so spritzige und geistreiche Operette im Grunde tieftraurig, wenn man an die Epoche denkt, von der sie uns ein letztes und strahlendes Bild vermittelt.

In der Nationalbibliothek. Mit ihren riesigen Marmorsäulen und Barockdekorationen ist sie wahrscheinlich die schönste Bibliothek der Welt. Eine Ausstellung von illuminierten Manuskripten. Beeindruckt haben mich die *Horologium Sapientiae* von Suso auf Französisch und viele andere unschätzbar wertvolle Bücher. Es ist ein bedrückendes Gefühl, daß es so viele Werke gibt, die man nie kennenlernen wird, weil man vorher sterben muß. Was ist schon unser kleines Wissen? Aber dann mag das alles vielleicht auch einmal plötzlich untergehen . . .

Am Nachmittag im Zoo zu Schönbrunn: Die Hyänen balgen sich, die Adler haben einen mit ihrem Wappen geschmückten Käfig, genauer gesagt mit dem kaiserlichen Doppeladlerwappen. Einige Vögel sind unbeschreiblich schön, besonders ein Rabe, dessen Rücken wie mit einem nachtblauen Cape überhangen ist, der Trauerblaurabe.

Heute früh im Josephinum. Die helle und weiße, sehr elegante und freundliche Bibliothek grenzt an die Säle, in denen sich ein Museum besonderer Art befindet. Männer und Frauen in Lebensgröße, schön, herrlich gewachsen, ganz nackt und in den graziösesten Posen, liegen da und zeigen ihre Eingeweide. Entsetzliche, zum Erbrechen realistische Gedärme, Meisterwerke an Exaktheit, die vielen Generationen von Medizinstudenten für den Anschauungsunterricht gedient haben. Diese köstlichen Leichen ruhen in ihrer langen Vitrine mit offenem Bauch und aufgedecktem Schädel, damit man das Gehirn sieht. Die vielen Falten der Därme, das Herz fast in der Mitte der Brust und nicht ganz links, wie die Gesten der Opernsänger es glauben machen wollen, und alles sonstige, das zu beschreiben sich erübrigt. Desgleichen die Embryos, die Zwillinge im Mutterleib, Entbindungen bei Kopflage, Fußlage, Steißlage, wie mit Kaiserschnitt, die ganze arme Menschheit nackt ausgezogen, gehäutet, aller Hüllen beraubt. Wir sind Hautsäcke und transportieren ich weiß nicht welche schwammigen und zerbrechlichen, mit Maschinenpräzision funktionierenden Scheußlichkeiten. All diese Wunder, die wir nun verlassen, sind – das sei noch hinzugefügt – aus Wachs und aus dem XVIII. Jahrhundert. Um diesen Ort des Alptraums zu entkommen, begeben wir uns ins Zeughaus.

Nach dem indiskreten Blick auf das Innere des Menschen werden wir jetzt seinen Schutzpanzer sehen, nämlich die Rüstungen. Aber das, was uns interessiert, befindet sich in der Mitte eines abgelegenen Saals. Dort liegen in einer Vitrine die blaßblaue Uniformjacke und die schwarze Hose mit den roten Borten des Erzherzogs Franz Ferdinand und auch die weißen Handschuhe und der Tschako mit dem Federbusch. Der arme Mann, der den Frieden und viel mehr Freiheiten für die Völker des Reichs wollte. Die Jacke ist an zwei Stellen zerrissen, und man sieht noch überall die Blutspuren. Er hatte sehr blaue Augen, ein intelligentes und nachdenkliches Gesicht. Das offene Automobil, in dem er und seine Frau ermordet wurden, ist auch da; sehr häßlich, grotesk und tragisch.

Gegen Abend gehen wir auf den Friedhof; große Rasenflächen, viele Bäume, alles ist grün und golden wie die hiesigen Kirchen, und die Gräber haben nichts von der Vulgarität und Häßlichkeit, denen man auf den

Friedhöfen anderer Länder begegnet – Rom ausgenommen. Beethoven, Schubert, Brahms, die Strauß, Wolf usw., die ganze Musik umgibt Mozart, dessen Stein natürlich nur ein Denkmal sein konnte. Das Licht war herrlich in diesem großen stillen Park, die Krähen flatterten in den Bäumen, stritten sich auf dem Rasen, kündigten die Kälte an.

Die kaiserlichen Gemächer in der Hofburg. Ihr Reichtum und ihre Schönheit überraschen – selbst nach Versailles. Die Gemächer Maria Theresias müssen von einem Franzosen eingerichtet worden sein, denn an Vollkommenheit können sie es mit allem aufnehmen, was ich anderswo gesehen habe. Die Decken und die oberen Wandleisten sind mit einer Art von Netz aus vergoldetem Laub überzogen, dessen Zweige sich hie und da lösen und in Girlanden herabhängen, das alles ist von leicht beschwingter Anmut. In den Mauerwinkeln mehrerer Säle sah ich wunderbare Trophäen, Lanzen und Helme aus vergoldetem Holz, Ornamente von so auserlesener Kunstfertigkeit, daß sie den größten Räumen als Schmuck genügen; die fast durchwegs mittelmäßigen Möbel sind überflüssig, stören eher, aber wer weiß heutzutage noch den Reiz und die Schönheit eines leeren Zimmers zu schätzen?

In einer Ecke dieses riesigen Palasts zeigt man uns ein kleines Eisenbett, eng und schmal wie das Bett eines Seminaristen, das Bett Franz Josephs. Daneben ein Tisch mit einem Wasserkrug und einer Schüssel und ein Wandschirm. All der Luxus Maria Theresias wirkt weniger affektiert als diese mönchische Schlichtheit . . .

Die Phantasie eines reichen Mannes hat die Stadt des XVII. Jahrhunderts, wie die Einwohner der ehemaligen Hauptstadt sie gesehen haben, aus dem Boden hervorgezaubert. Was verfallen war, wurde mit viel Geduld restauriert. Was nicht mehr existierte, wurde nach zeitgenössischen Abbildungen aus freien Stücken aufgebaut. Zu diesem Zweck hatte man die Bibliotheken Amerikas und Englands gründlich durchstöbert. Als nützlich erwies sich vor allem ein von einem französischen Reisenden gegen Ende des XVIII. Jahrhunderts zu Papier gebrachter panoramischer Plan der Hauptstraße. Kein Hinweis blieb unberücksichtigt. Man informierte sich aus alten Briefen und alten Zeichnungen, und heute gehen wir in einer Stadt spazieren, die in fast gar keiner Beziehung mehr zu unserem Jahrhundert steht. Aber das Werk ist noch nicht ganz vollendet. Man schafft die letzten Telegraphenmasten fort, und es bleiben noch zwei oder drei hübsche Häuser aus der Zeit vor dem Sezessionskrieg, die abgerissen werden müssen.

Es beeinträchtigte mein Vergnügen, daß ich nicht ganz an diese Stadt zu glauben vermag. Sie ist zwar die reizvollste und erfindungsreichste Kulisse, die man sich denken kann, aber sie bleibt eine Kulisse. Ich weiß wohl, daß diese nagelneuen alten Häuser bewohnt werden sollen und zum Teil bereits bewohnt sind, aber es überzeugt mich nicht, sehr zu meinem Bedauern, denn ich hätte mich gern überzeugen lassen. Und dann hat man den Nachahmungseifer entschieden zu weit getrieben. So fehlen dem korinthischen Vorbau des Justizgebäudes die Säulen. Im XIX. Jahrhundert wurden Säulen angebaut, im XX. wurden sie wieder weggenommen, weil man nämlich entdeckt hat, daß sie im XVIII. nicht da waren, denn diese in England hergestellten Säulen sind mit dem Schiff, das sie nach Virginia transportieren sollte, im Atlantik versunken. Vom Capitol war überhaupt nichts mehr geblieben, und doch steht es heute vor uns, und man versichert mir, daß nicht ein einziger Nagel fehlt.

Der Ratssaal ist wunderbar in seinen Proportionen. Er bildet ein langes Oval und erhält das Licht durch hohe Fenster mit tiefen Nischen. In der Mitte des Saals stehen ein ovaler, mit grünem Wollstoff gedeckter Tisch und Stühle, deren Rückenlehnen zerbrechlicher und feiner ziseliert als spanische Hornkämme aussehen. Im Plenarsaal wurde der für die Mitglieder der Regierung bestimmte Teil von einem Kronleuchter erhellt, während das zu den Debatten zugelassene Publikum sich mit dem Licht eines kupfernen Kerzenleuchters begnügte. Dunkle Holztäfelungen und weiße Wände. Das Ganze vermittelt einen Eindruck von Wohlstand und Würde.

Die berühmte *Raleigh Tavern* ist von oben bis unten rekonstruiert, mit allem Drum und Dran, mit Zinntellern, irdenen Pfeifen, Weinziehern, den Ohrensesseln und den kleinen dreieckigen Lehnstühlen vor dem großen Backsteinkamin. In der Bar erinnerte ich mich an den wunderbaren Anfang von *Barnaby Rudge**, an diesen paradiesischen Ort auf Erden, der der *Maypole*

* Roman von Charles Dickens (1812–1870). (Anm. d. Ü.)

Inn gewesen sein muß. Der kleine, mit dunkelrotem Damast tapezierte Salon trägt den Namen Daphne. Im sogenannten Apollosaal hat Monsieur Jefferson getanzt. Es ist ein schöner, graublau gestrichener Raum, und über dem Kamin im neugriechischen Stil liest man die Inschrift: *Hilaritas sapientiae et bonae vitae proles**. Lange Tische, breite Sessel. Hier spricht alles von Behaglichkeit, sogar vom Glück, und doch war diese Zeit ebenso bewegt und unruhig wie die unsere. Die Unterzeichner der Unabhängigkeitserklärung riskierten den Galgen, aber sie hatten deshalb das Lachen nicht verlernt. »Es ist besser, gemeinsam voneinander abzuhängen, als sich getrennt hängen zu lassen«, sagte der eine von ihnen. Es war Benjamin Franklin, als er unterschrieb.

Der Tunnel, dessen Bau fast beendet ist, wird die Automobile verschwinden lassen, deren Gegenwart die Illusion einer Stadt im XVIII. Jahrhundert stört. Wann wird man die Einwohner zwingen, Perücken und Reifröcke zu tragen? Dafür ist bereits gesorgt, versichert man mir ...

* Die Fröhlichkeit ist ein Kind der Weisheit und des guten Lebenswandels. (Anm. d. Ü.)

X

Die Städte mit X, die ich gekannt oder nur durchreist habe, sind nicht sehr zahlreich, und weder Xeres* in Andalusien noch Xanten in Preußen oder Xenia am Mississippi haben sich meinem Gedächtnis eingeprägt. Für mich ist X der Buchstabe des Geheimnisses der Zukunft.

Es gibt Namen, die zu Träumen anregen, die aber in ihren Silben bereits voll und ganz *sichtbar* sind. Einer der eigenartigsten Namen, die ich kenne, ist Nomura. Er berührt in meinem Gehirn den magischen Auslöser der imaginären Erinnerungen, er beschwört eine Welt des Unmöglichen herauf, in welcher sich lange Alleen versunkener Schlösser in den Tiefen eines Bronzespiegels wie in einem Teich reflektieren. Weiße Päonien zerblättern in der Nacht, Träume aus dem Morgengrauen der Schöpfung steigen in den von der Schlaflosigkeit weit geöffneten Augen auf, und plötzlich befinde ich mich in dem verlassenen Hof, wo mein Gedanke zuweilen Ruhe und Erfrischung sucht, dem großen weiten Hof mit den tausendjährigen Pflastersteinen, die im Regen glänzen. Wo ist er? Ich weiß es nicht. Die steinernen Götter betrachten ihn starren und blinden Auges, und er wartet im Morgengrauenregen auf das Ende der Welt.

X aber ist die Stadt, die noch nicht existiert, die Stadt, deren Architektur noch erfunden werden muß, vielleicht ganz einfach eine *natürliche* Stadt, eine Stadt aus

* Jerez de la Frontera. (Anm. d. Ü.)

Bäumen und Wasser, in der der Mensch endlich Raum um sich hat. Gewiß, in meinem Wunsch ist viel Traum, aber die Zukunft besteht zuerst aus Träumen, und es sind diese Träume, die den Menschen glücklich dem Morgen entgegenführen ...

Wir wandern über die endlosen, breiten und stämmigen Befestigungen, zu deren Füßen ein mit dem fanatischen Fleiß der Engländer und ihrer Liebe für Grünflächen gepflegter Rasen wächst. Ein Weg führt uns bequem an den zackigen Zinnen und Scharten vorbei, die Königskronen ähneln, und man braucht nicht weniger als anderthalb Stunden für den Rundgang um die alte Stadt; und während ich auf die Gärten mit ihrem Rittersporn und ihren Lupinen um die kleinen rosa oder hellbraunen Backsteinhäuser hinabblicke, packt mich wieder der alte Wunsch, hier zu bleiben, mich hier einzurichten, in dieser bezaubernden Stadt, wo der Frieden so sanft schlummert. Illusion? Sagen wir lieber Traum eines Reisenden. Man erzählt mir, es könne hier sehr kalt sein, und es regne oft, selbst im Frühling. Das alles weiß ich, aber was schert es mich? Wenn es mir gefällt, ständig in Vorstellungen von einem idealen Leben zu schwelgen... Wie Mallarmé sagen würde, reizt mich die liebe Sinnlosigkeit der Sache.

Alles ist schön in dieser Stadt mit ihren kleinen zartgetönten Häusern, deren Fenster so zahlreich sind, daß sie die Fassaden in Glaswände verwandeln. Das Münster verschlägt mir den Atem, um so mehr, als es direkt auf die Straße hinausgeht und man es sozusagen ohne Anlauf erblickt. Von außen wie von innen sieht es wie in Elfenbein geschnitzt aus, und die Verschandelungen der Protestanten, die alle die Fassaden schmückenden Statuen zerbrochen haben, vermochten ihm nicht seinen festlichen Charakter zu nehmen, und es prangt nach wie vor in seinem Spitzengewand. Die massigen normannischen Türme sind mit jenen kleinen Spitztürmen bestückt, die man schon als vorschriftsmäßig bezeichnen könnte. Im Inneren ist alles maßlos, und das Auge wird müde, bis hinauf in die hohen Gewölbe zu wandern. Nur die Flaggen, die Trophäen aus Siegeszügen gegen verschiedene Länder, bringen etwas Farbe, rot oder blau, in die weiße Pracht. Hier ist alles hell, selbst die Gräber. Die Fabriken von York waren so berühmt, daß sogar die »Rundschädel« während des Bürgerkriegs sich um sie bekümmerten. So wurden auch die Glashütten gerettet, und die Kirchenfenster lassen immer noch jeden Sonnenstrahl in neuem Glanz aufflammen und in einem zart angetönten rosa Licht zu Boden sinken.

Hier sind wir in Yuste, und der Tag geht zu Ende. Neben dem Kloster von San Gerónimo erschien mir der Sterbepalast – wie anders soll man ihn nennen? –, der von Philipp II. ausgesuchte Ort für die Begegnung seines Vaters mit dem Tode, als eine der finstersten Ecken des Grauens. Stets begleitet einen das Gefühl, daß Karl V. nur hierher gekommen ist, um den Tod zu sich in diese vor einer der schönsten Landschaften der Welt liegenden Burgresidenz einzuladen, und er hat ihn dann auch wie einen König empfangen. Um das Bett herum, auf dem er ein ganzes Jahr lang im Sterben liegen sollte, ließ er die Wände zu Ehren des Besuchers mit schweren Trauervorhängen drapieren. Der kleine mechanische Sessel ist an sich schon zum Gruseln und sieht eher wie ein Folterinstrument aus. Auch der Anblick dieser Art von Totenwiege, in der man den alten Monarchen auf der Reise von Madrid nach Yuste transportierte, verursacht peinliches Unbehagen.

Er hatte befohlen, daß man tausend Jahre lang Messen für ihn lesen sollte. Demnach müßte man es noch im Jahre 2558 tun. Ein gräßlicher und faszinierender Mensch, von dessen Persönlichkeit immer noch etwas in diesen Räumen, die der Schatten überschwemmt, zu geistern scheint; und ich entferne mich, ohne zu bedauern, daß ich nicht länger verweilen konnte. Aber der Ort ist so sonderbar, daß man ihn nicht so leicht verläßt, wie man es sich wünscht, und es ist mir, als müßte ich mir die letzten Weben und Fetzen eines bösen Traumgespinstes aus den Gedanken fegen. Die Erinnerung an dieses Todesschloß verfolgt mich noch lange.

Reizvoll ist die schöne Eukalyptusallee, die zum Kloster der Mönche führt. Dort fällt mir nichts Unheimliches auf, aber jetzt kommt mir unwillkürlich wieder der kleine Balkon in den Sinn, von dem der Kaiser zu seinen Füßen unten in den Gärten einen von Steinen umrandeten Teich betrachten konnte, der mit seinen schwarzen Wassern einem Spiegel gleicht, in dem der Himmel sich nicht reflektiert. Man mag das für einen flüchtigen Eindruck, für eine Eingebung des Augenblicks halten, aber ich empfand es sehr stark. Und drängt sich nicht auch die Vorstellung auf, wie der Kaiser in dieser Kirche der Generalprobe seines eigenen Begräbnisses beiwohnte? Ich weiß es wohl; ich brauche nur die Augen zu schließen und an den Namen Yuste zu denken, um die kleine Einzäunung vor dem Palast wiederzusehen, die Ziegelmauer mit dem Rautenmuster und die Teilstücke des Horizonts, die man zwischen den sich im Abenddämmerlicht am grünlichen Himmel auflösenden Schatten der Bäume erblickt.

Zürich

Trotz seiner leckeren Konditoreien und seines großen Museums gehört Zürich zu den eher unfreundlichen Städten. Man wird lieblos empfangen, die Zeitpläne sind strikt, und man versteht die zornigen Studenten. Sie haben genug von einer Zukunft ohne Unvorhergesehenem; hier ist Zukunft gleichbedeutend mit Unveränderlichkeit.

Um eine Stadt gut kennenzulernen, muß man sie auch beim Morgengrauen und in der Nacht sehen; denn dann liefert sie uns ihre wahren Schätze. Gestern abend entdeckte ich auf einem hübschen kleinen Platz in der Nähe des Zwingli Hauses einen Brunnen, der aus zwei in T-form aneinanderliegenden und sich gegenseitig als Ablauf dienenden Marmorwannen bestand; in der Mitte der größeren der beiden eine neoklassizistische Säule, auf der eine kleine Venus aus dem XVI. Jahrhundert steht. Das liebliche Plätschern des in das Wasser rinnenden Wassers in der tiefen Stille der Nacht...

Im Kunstmuseum, dessen moderner Teil aus Rohbeton mit seinen Treppen und Wänden herrlich ist; die Mauern baden in einem sanften Licht, und man schaut sich jedes Bild an, als ob es ganz allein dort hinge.

Die trübe Stimmung, in die mich Zürich versetzt, verschwindet, sowie ich die Stadt verlasse, sei es um mich nach Winterthur, nach Dänikon zu meinen Freunden Nigg, oder nach Schaffhausen zu begeben, wo ich mir die Rheinfälle anschaue. Dort sind wir bis ganz hinunter gestiegen. Die riesigen, schäumenden Wassermassen scheinen sich mit apokalyptischem Getöse direkt auf uns zu stürzen. Aber wie soll man etwas Derartiges beschreiben? Er ist ein herrlich tosendes Brausen, das von Gott spricht, wie ein Psalm, den alle Tiere der Schöpfung brüllen würden. Das Boot legt an dem Felsen an, der in dieser Sturzflut eine Insel bildet, und von dort sieht man die Welt durch einen Regenbogen. Der Lärm ist so stark, daß man ihn nicht mehr hört.

Danach fahren wir durch Märchendörfer mit bemalten Häusern inmitten lieblicher Wiesen und Wälder, und es ist das Mittelalter, die Ära, die die Schweiz wie mit einem Stempel geprägt zu haben scheint.

Zug

Mitten in der Nacht. Eine alte gotische Stadt mit stierblutrot und blaßgrün getünchten Häusern. In der Mitte eines kleinen Platzes plätschert ein Brunnen mit einer schönen Landsknechtsfigur. Die Straßen ringsum sind schwarz und liegen in tiefem Schlaf. Aus einem einzigen erleuchteten Fenster dringen leise Zitherklänge...

JULIEN GREEN

Englische Suite
Literarische Porträts.
144 Seiten, Leinen.

Amüsanter kann Literaturgeschichte nicht vermittelt werden: Julien Greens »Englische Suite« aus dem Jahr 1927 ist ein literarischer Spaziergang durch eine Porträtgalerie. In den Lebensbildern von Samuel Johnson, William Blake, Charles Lamb, Charlotte Brontë und Nathaniel Hawthorne verzichtet Green auf literarische Analysen; er zeigt seine Favoriten von ihrer menschlichsten Seite.
Green zeichnet nicht nur biographische Miniaturen; seine Bilder machen auch den kulturgeschichtlichen Hintergrund des 18. und 19. Jahrhunderts sichtbar.

Julien Green im dtv

Foto: Isolde Ohlbaum

Junge Jahre
Autobiographie

Aufgewachsen zwischen zwei Kulturen, früh vom Tod seiner Mutter betroffen, mit siebzehn als Kriegsfreiwilliger schon an der Front, sucht ein ebenso sensibler wie arroganter junger Mann seinen Weg ... dtv 10940

Jugend
Autobiographie 1919 – 1930

In Amerika, dem Land seiner Väter, erhält der junge Julien Green den Schlüssel zu seinen geheimen Wünschen und Sehnsüchten. Doch das Bewußtwerden seiner homoerotischen Neigungen stürzt ihn in eine tiefe Krise. dtv 11068

Paris

In 19 Abschnitten streift Green durch die verschiedensten Viertel der Stadt, besucht Museen und Straßen, erlebt Jahreszeiten und Gesichter. dtv 10997

Leviathan

Als Gueret begreift, daß die »Liebe« der hübschen Angèle durchaus zu erlangen ist und daß zahlreiche Männer von dieser Möglichkeit Gebrauch machen, gerät er außer sich ... dtv 11131

Von fernen Ländern

Elisabeths Begegnung mit Jonathan, einem unberechenbaren Abenteurer und Frauenhelden, weckt unerfüllbare Wünsche in ihr. Aus dem verträumten Mädchen wird eine leidenschaftliche, zielstrebige junge Frau. dtv 11198 (April 1990)

Meine Städte
Ein Reisetagebuch
1920 – 1984

Julien Greens Städte besitzen eine zusätzliche Dimension; die Einbildungskraft eines Dichters sorgt für Entdeckungen, die kein Reiseführer zu bieten hat.
dtv 11209 (Mai 1990)

Der andere Schlaf

Die Erinnerungen eines Arztsohnes an seine Jugendtage in Paris, die verhaltene Geschichte einer ausklingenden Kindheit und einer Knabenliebe.
dtv 11217 (Juni 1990)

Mont-Cinère

Ein Anwesen in der Nähe von Washington wird Gegenstand einer alles verzehrenden Leidenschaft: Der Geiz ergreift langsam von all seinen Bewohnern Besitz.
dtv 11234 (August 1990)

Marguerite Duras im dtv

Foto: Hélène Bamberger

Die Englische Geliebte

Den bestialischen Mord an der taubstummen Marie-Thérèse Bousquet kann sich in Viorne niemand erklären. Man findet Teile ihrer Leiche in Eisenbahnwaggons überall in Frankreich. Nur der Kopf bleibt verschollen. Die Kriminalpolizei besucht das örtliche Cafe, stellt Fragen, versucht dem Mörder auf die Spur zu kommen. Hauptleidtragende sind Claire und Pierre Lannes. Marie Thérèse war die Kusine von Claire und hat dem Ehepaar den Haushalt geführt. Obwohl noch kein Verdacht auf sie gefallen war, gesteht Claire überraschend den Mord. Ein Motiv scheint sie nicht zu haben, und sie scheint auch keine Reue zu empfinden ... dtv 10730

India Song

›India Song‹ ist eine Melodie aus der Zeit zwischen den Kriegen und die Geschichte einer Liebe, erlebt im Indien der dreißiger Jahre in einer übervölkerten Stadt am Ufer des Ganges. Im Mittelpunkt steht Anne-Marie Stretter, die schöne und elegante Frau des französischen Botschafters. dtv 10996

Zerstören, sagt sie

In einem abgeschiedenen Hotel, das umgeben ist von einem rätselhaften, undurchdringlichen Wald, erholt sich Elisabeth Alione von einer Fehlgeburt – und wird zum Objekt der Begierde. Die achtzehnjährige Alissa und ihre beiden Liebhaber, ein Pariser Professor und der Jude Stein, beobachten sie, verfolgen sie, wollen sie besitzen, vielleicht auch zerstören. Die Identitäten verschmelzen ... dtv 11063

Die grünen Augen

Kino ist für Marguerite Duras mehr als nur Kino. Wenn sie über Filme spricht oder schreibt, reflektiert sie das ganze heutige Leben: den Schrecken über die erste Atombombe, die Veränderungen der Welt durch das Fernsehen, die Revolte von '68, ihre eigenen Filme und Bücher, ihre Gefühle beim Schreiben und ihre Ansichten über Kollegen. dtv 11185

André Gide im dtv

Die Falschmünzer

Paris zu Beginn dieses Jahrhunderts. Eine Gruppe junger Gymnasiasten hat sich zu einem literarischen Zirkel zusammengeschlossen, um der großbürgerlichen Scheinwelt der Eltern entfliehen zu können. Die geistreiche Eleganz ihrer älteren schriftstellerischen Vorbilder erweist sich als verführerische Droge. Aber es geht nicht nur um intellektuelle Falschmünzerei. Einige Schüler werden bei der Verbreitung von Falschgeld ertappt...
dtv 1749

Die Verliese des Vatikan

Gegen Ende des letzten Jahrhunderts kommt im Süden von Frankreich das Gerücht auf, Papst Leo XIII. sei von internationalen Verschwörern entführt worden und werde in Rom gefangengehalten, während zum Schaden der katholischen Christenheit ein Doppelgänger den Stuhl Petri besetzt habe. Ein Apotheker aus Pau macht sich als moderner »Kreuzritter« auf den Weg und wird im Schnellzug von Rom nach Neapel von einem jungen Abenteurer ermordet. Ein grotesk-satirischer Schelmen- und Kriminalroman. dtv 1750

Die Schule der Frauen
Erzählungen

Die Stellung der Frau in Ehe und Gesellschaft und der Kampf um die Freiheit ihrer Persönlichkeit stehen im Mittelpunkt dieser drei zusammenhängenden, nun schon klassischen psychologischen Erzählungen: Das Tagebuch einer jungen Frau, die am raffinierten Egoismus ihres Mannes zerbricht; sein Versuch einer Rechtfertigung; und die Stellungnahme der inzwischen erwachsenen Tochter zu den Ereignissen.
dtv 1751

Auslands-berichte

Klaus Bednarz:
Mein Moskau
Notizen aus der Sowjetunion
dtv 10980

Hans Walter Berg:
Gesichter Asiens
Dreißig Jahre Augenzeuge der Geschichte
dtv 10597

Jerome Charyn:
Metropolis New York
dtv 11258

Gilberto Freyre:
Herrenhaus und Sklavenhütte
Ein Bild der brasilianischen Gesellschaft
dtv 4554

Leo Gabriel:
Aufstand der Kulturen
Konfliktregion Zentralamerika: Guatemala, El Salvador, Nicaragua
dtv 10956

Klaus Harpprecht:
Amerikaner
Freunde, Fremde, ferne Nachbarn
dtv 10671

Klaus Harpprecht:
Am Ende der Gemütlichkeit
Ein österreichisches Tagebuch
dtv 11113

Michael Holzach:
Das vergessene Volk
Ein Jahr bei den deutschen Hutterern in Kanada
dtv 10051

Peter Krebs:
Die Kinder von Vietnam
Bilanz eines modernen Krieges
dtv 11288 (Sept. 1990)

Sabina Lietzmann:
New York
Die wunderbare Katastrophe
dtv 1504

Naila Minai:
Schwestern unterm Halbmond
Muslimische Frauen zwischen Tradition und Emanzipation
dtv 11098

Karl-Heinz Ruffmann:
Fragen an die sowjetische Geschichte 1917 – 1987
dtv 10792

J. Wessel/M. Hantman:
Getreidefieber
US-Agrarkrise, Konzernmacht und Welternährung
dtv 10697

Th. Wieser/F. Spotts:
Der Fall Italien
Dauerkrise einer schwierigen Demokratie
dtv 10973

Jan Yoors:
Das wunderbare Volk
Meine Jahre mit den Zigeunern
dtv 11099

Horst Krüger im dtv

Ostwest-Passagen

Horst Krügers literarisch-politische Reise-Essays sind nicht deshalb so brillant und außergewöhnlich, weil er so außergewöhnliche Orte besucht, sondern weil er sie anders sieht. dtv 1562

Poetische Erdkunde
Reise-Erzählungen

Zehn scharfzüngig-anmutige und engagierte Reisebeschreibungen über Frankfurt am Main, die Provinz der DDR, Wien, Mainfranken, Baden, den El Escorial in Spanien, Ägypten, Washington D.C., Peking und Hongkong sowie ›Die Frühlingsreise – Sieben Wetterbriefe aus Europa‹. dtv 1675

Spötterdämmerung
Lob- und Klagelieder zur Zeit

Eine Sammlung heiterer, provokanter, aber auch melancholischer Feuilletons und witziger Satiren, in denen Horst Krüger von sich und seinen Reiseerlebnissen berichtet, Zeiterscheinungen aufs Korn nimmt, über den Kulturbetrieb spottet und Schriftstellerkollegen porträtiert. dtv 10355

Tiefer deutscher Traum
Reisen in die Vergangenheit

Horst Krüger auf der Suche nach der deutschen Identität. Ein sinnliches, melancholisches und ehrliches Buch. »Ich habe es in einem Zug gelesen, Orte und Menschen neu entdeckt, den Osten, die Deutschen, auch unsere Geschichte neu sehen gelernt.« (Arnulf Baring) dtv 10558

Foto: Isolde Ohlbaum

Das zerbrochene Haus
Eine Jugend in Deutschland

Horst Krügers Bilanz seiner Jugend im nationalsozialistischen Deutschland. Das persönliche Leben im Alltag und die Politik jener Jahre sind in diesem Bericht auf ungewöhnliche Weise miteinander verknüpft. Ein Bekenntnis und eine scharfsinnige Analyse des verführten Kleinbürgertums. dtv 10665

Zeit ohne Wiederkehr

Eine Auswahl von Feuilletons des unerschrockenen Chronisten Horst Krüger, die in den Jahren 1964 bis 1983 entstanden sind und als literarische Spiegelungen des Zeitgeistes die Jahre überdauert haben. dtv 11121

Kennst du das Land
Reise-Erzählungen

Horst Krüger als Reisebegleiter nach Amerika, Indien, Israel, Estland, Ungarn, Rothenburg ob der Tauber, West-Berlin und in die DDR. dtv 11158